친구들과 함께 하는

64가지 철학 체험

Petites expériences de philosophie entre amis

친구들과 함께 하는

64가지 철학 체험

로제 폴 드루아 지음 | 이나무 옮김

이숲

철학 체험은 회전문이다

테오필러스 반 커넬을 아는 이는 드물다. 하지만 여러분도 그의 발명품만은 아주 잘 알고 있다. 바로 회전문이다. 1888년 미국의 필라델피아에서 그는 회전문(revolving door)을 발명했다. 여러분도 분명히 이것을 사용한 적이 있을 것이다. 오늘날 사무 빌딩, 백화점, 호텔, 공항 등 회전문이 없는 건물은 찾아보기 어렵다.

하지만 회전문이 우리가 어디론가 들어가고 나가는 방법을 이토록 근본적으로 바꾸어놓았다는 사실에 주목한 이는 없는 듯하다. 여닫는 형태의 평범한 문밖에 없던 시절에 사람들은 건물 안으로 들어가든 건물 밖으로 나오든 직선 방향으로 이동했다. 다시 말해 어디론가 들어가려면 우회할 필요 없이 똑바로 최단거리를 이동했다.

그러나 회전문의 경우는 전혀 다르다. 곡선 운동으로 드나들고, 강제로 변경해놓은 경로를 따라야 하며, 비록 한순간이지만 시선이 향하고 있던 익숙한 시야를 잃어버린다. 그리고 무엇보다도 정신 차리지 않으면 한 바퀴를 돌아 들어갔던 길로 되돌아 나오기 십상이다!

나는 왜 이 책의 서문에서 뜬금없이 테오필러스 반 커넬의 발명품 이야기를 꺼냈을까? 그 이유는 간단하다. 지금 여러분이 손에 쥐고 있는 이 책은 철학으로 들어가는 여러 개의 작은 회전문으로 구성돼 있기 때문이다. 여기에는 약간의 설명이 필요할 듯싶다. 왜냐면 철학은 우리가 별생각 없이 드나드는 건물은 아니니까.

얼핏 보기에도 철학의 '내부'에는 이런저런 잡동사니가 서로 얽혀 있다. 대학, 학과, 도서관, 서점, 출판사, 잡지사, 방송사에다 학자, 교수, 전문가, 작가도 있다. 물론 이론, 주장, 질문, 토론, 논쟁 같은 것들도 빼놓을 수 없다. 하지만 언어와 개념으로 지어진 이 '철학'이라는 건물에 어떻게 들어가야 할지, '사유', '비판', '성찰' 등으로 불리는 일련의 정신적 활동에 어떻게 참여해야 할지를 아는 것은 결코 쉬운 일이 아니다.

그래서 지금까지 사람들은 여러 종류의 출입문을 통해 철학의 내부로 들어갔다. '철학사'라는 문을 통과하기도 했고, '여러 유파의 철학적 주장의 이해', '대표적 철학서 독서', '철학에서 사용하는 개념 분석' 등의 문도 통과했다. 물론 이런 시도들은 그 나름대로 효과를 거두기도 했지만, 잦은 실패와 많은 오해라는 대가를 치러야 했다. 왜냐면 이런 현학적인 출입문들은 철학이 보통 사람들은 접근할 수 없는, 어떤 특별한 정신을 소유한 사람들의 전유물이라는 잘못된 인식을 그대로 유지했기 때문이다. 게다가 이런 준엄하고 위압적인 '고전적' 출입문은 철학이 본질적으로 일상의 현실과 단절된 이론, 순전히 지적인 문제라는 또 다른 선입견을 퍼뜨렸다.

이 책에 소개한 작은 체험들은 모두 이런 선입견과는 정반대되는 방법으로 구성했다. 즉, 우리에게 아주 친숙한 행동이나 구체적인 상황에 바탕을 두고 있다는 것이다. 이 체험들의 소재 또한 맛, 소리, 냄새, 언어, 치즈, 컴퓨터, 포장 끈 등 우리를 둘러싼 지극히 일상적인 사물이다. 독자는 이런 각각의 체험을 통해 미미하지만 엉뚱한 혼란에 말려들고, 의도적이고 황당한 무질서를 경험하게 될 것이다.

그렇다면, 이런 '놀이'의 목적은 무엇일까? 두말할 것도 없이 우리가 잃어버리고 살아가는 '놀라움'을 되찾는 데 있다. 왜냐하면 우리는 진부한 일상의 이면에 숨어 있는 모든 철학적 모험의 원천으로 끝없이 뛰어들어야 하기 때문이다. 그것은 우리가 살아가는 이 낯선 세계의 존재와 그 가늠할 수 없는 다양성과 무성한 수수께끼가 웃음과 호기심 사이에서 우리에게 불러일으키는 경악과 당황의 감정을 체험하는 일이기도 하다.

만약 어떤 철학적 문제가 우리 육체에, 정서에, 가까운 사람들과 맺고 있는 관계에 깊이 뿌리내리고 있다는 사실을 실감하지 못한다면, 그 철학적 문제는 우리에게 아무런 의미가 없기에 이런 체험은 필수적일 수밖에 없다. 철학적 문제를 선별하고, 깊이 파고들고, 정리하고, 밝히기 위해 철학적 개념이나 이론이나 철학서를 참고하는 일은 그다음 문제다.

철학의 1막 1장은 무엇보다도 사유를 촉발하는 혼란을 느끼는 데 있다. 이 책에서 소개하는 작은 체험들의 목적은 바로 그런 혼란을 느끼게 하자는 것일 뿐, 그 이상도 그 이하도 아니다. 다시 말해 이 체험들은 철학을 향해 떠나는 차에 찰칵! 하고 시동을 거는 장치, 출발선에 서 있는 달리기 선수들에게 탕! 하고 울리는 신호, 걸음마를 시작하는 아이의 등을 밀어주는 엄마의 손과 같은 것이다. 이런 목적에 도달하기 위해 이 책에서 제시하는 체험들은 판에 박힌 습관과 생각을 비틀고 흔들어놓을 것이다.

생각을 촉발하는 놀라움이 다시 태어나게 하려면, 우선 한 걸음 옆으로 물러서서 그동안 기준으로 삼고 있던 모든 것을 버리고, 일상의 여러 코드를 파기해야 한다. 이 과정은 새로운 정신적 지평과 새로 시작할 여행을 기대할 때 느끼는 흥분과 혼란, 익숙한 것들을 떠나 미지를 경험하는 외도를 통해 이뤄진다.

그런 다음, 어디로 얼마나 멀리 갈 것인지를 결정하는 일은 오롯이 여러분 몫이다. 그리고 이 체험 뒤에 오는 것—이 체험이 던지는 물음과 열어놓은 길—은 전적으로 여러분 선택에 달렸다. 이 책이 '시동'을 걸었다고 해서 고정된 경로를 지정하는 것도 아니고, 사전에 준비한 해답을 들려주는 것도 아니다. 단지 여러분이 지금까지 걸어왔던 '정해진 길'을 벗어나게 도와줄 뿐, 미리 정해둔 목적지로 여러분을 인도하지 않는다. 바로 이 점이 철학을 생생하고, 재미있고, 쉽게 소개했다며 쏟아져 나온 최근의 여러 책과 근본적으로 다른 점이다. 그런 책들은 실제로 재미있는 것도 있고, 개중에 형편없는 것도 있지만, 언제나 미리 재단해놓은 해답을 싣고 있다는 공통점이 있다. 어떤 즉흥적인 충동이 아니라 어떤 활동을 제안하면 그 활동은 교육적 목적을 위한 수단이 돼버린다. 즉, '이러이러한 활동을 하면 이러이러한 개념을 더 잘 이해할 수 있고, 이러이러한 지식이 쌓인다'는 식이다.

그러나 이 책은 여러분에게 이렇게 말한다.

"여기서 제안하는 작은 체험들을 직접 시도해보면서 여러분은 아마도 평소의 습관이나 확신이 조금 흔들리고 불안정해지는 것을 느낄 것입니다. 하지만 전에는 의심조차 하지 않았던 문제에 대해 수많은 새로운 질문을 발견하게 될 것입니다. 그런 질문을 의식하게 됐을 때 여러분이 가장 흥미를 느낀 문제를 찾고 계속 추적하는 것은 여러분 몫입니다. 이 책이 여러분에게 해답을 알려주리라고 기대하지 마세요. 게다가 그런 '해답'이라는 것은 존재하지도 않습니다. 아니, 또 다른 질문들로 이끄는 여러 가지 해답이 있을 뿐입니다. 따라서 만약 '해답'이라는 것이 있다면, 자신에게 가장 잘 맞는 해답을 여러분 스스로 찾아야 합니다. 이 책은 여러분을 도와 길을 가리키고 방향을 제시할 수는 있겠지만, 그 길로 들어서서 그 방향으로 나아가는 것은 오로지 여러분의 몫입니다. 자유롭게 선택하세요. 여러분을 강제하는 것은 아무것도 없습니다. 하지만 간곡하게 한 가지 권유한다면 이 문제에 대해 여러분 친구들과 함께 이야기해보라는 것입니다. 친구들과 만나 웃고 떠들고, 먹고 마시는 것도 좋지만, 때로 이런 엉뚱한 체험은 우정의 격을 높여줄 수도 있지 않을까요?"

  사실, 철학 여행이 반드시 혼자 떠나는 모험이 돼야 할 이유는 없다. 오히려 여러 사람의 목소리가 섞이면 철학적 사유는 더 활발해진다. 자기와 친구들 사이의 서로 다른 생각과 이해의 방법을 대조하고 비교해보면 사유는 더 진척되게 마련이다. 왜냐면 우정은 의견이 서로 같아야 한다거나 같은 반응을 보여야 한다는 강제적인 조건을 전제하지 않기 때문이다. 오히려 그 반대다. 친구 사이의 신뢰는 의견의 차이나 대립을 편안하게 표출할 수 있게 해준다. 바로 이것이 인류 역사에서 철학이 등장한 이래 이 분야가 우정, 대화, 의견 교환, 질문, 반론 등과 긴밀한 관계를 맺고 있는 이유이기도 하다. 게다가 가장 고독한 철학자도 다른 사람들을 향해 말했고, 상대가 없을 때에는 자기 머릿속에서라도 대화를 시도했다. 게다가 친구들과 모여 대화할 때에는 흐뭇한 모임의 즐거움도 한몫한다. 그리고 여러 사람이 모여 서로 다른 접근 방식과 정신의 지형을 비교하면서 대화하다 보면 생각이 모양새를 바꾸는 경우를 흔히 경험하지 않았던가. 그런 맥락에서 이 책이 소개하는 체험들은 여러 사람이 함께 시도할 수 있고, 물론 혼자 해볼 수도 있다. 그리고 그 체험들에서 자신이 받은 인상이나 생긴 의문을 친구들의 경우와 서로 비교하고 함께 이야기해보는 것도 좋을 것이다.

그러나 이 책을 읽는 데 정해진 규칙은 없다. 뒤에서 이 책의 '사용설명서'를 제시하겠지만, 각자가 자기 마음대로 읽고, 체험하면 그것으로 충분하다. 딱 한 가지, '회전문'에 관한 제안은 있다. 여러분이 회전문으로 들어가서 빠져나오지 못한다면 한 바퀴를 돌아 다시 원점으로 돌아온다. 다시 말해 '철학'이라는 건물의 안으로 들어가지 못하고 곧바로 빠져나오는 것이다. 여기서 소개한 체험들 역시 똑같은 원칙에 따라 작동한다. 따라서 우선 자신이 조금 미친 짓을 하겠다는 각오가 돼 있어야 한다. 다시 말해 원심력이나 구심력의 영향이라도 받은 듯이 평소에 직선으로 다니던 정상적인 경로에서 벗어나 멀쩡한 길을 에둘러 가겠다는 마음의 준비가 돼 있어야 한다는 것이다. 명백한 사실들의 단단한 껍질을 깨부수고, 반들반들한 세계에 금이

가게 하고, 우리의 이 합리적인 우주에 작은 광기를 불어넣어야 한다. 이것이 바로 회전문 운동의 효과다.

그러나 일단 놀라움의 회전문을 통해 철학 건물의 안으로 들어갔다면, 나올 때에도 반드시 같은 문으로 나와서 회전문이 시야를 바꿔놓은 새로운 공간을 탐색하고 새로운 체험을 찾아 길을 떠나야 한다.

그런 의미에서 이 작은 체험들은 개념을 제시하거나 이론을 설명하기보다는 정신적인 공간을 변화시킴으로써 철학으로 향하는 길을 가리킨다. 저자로서는 그 효과를 장담할 수 없지만, 이것이 결국 이 책의 야심 찬 기획이다.

사용설명서

- 이 책을 맨 첫 장부터 읽을 필요는 없습니다. 정해진 독서의 방향이 없으니 아무 데나 펴서 읽기 시작해도 좋습니다.

- 하루 권장 독서량은 1~6가지 체험입니다. 처방된 분량을 넘지 않도록 주의하십시오. 일일 독서량 10가지가 넘으면 부작용을 일으킨 사례가 보고된 바 있습니다.

- 사용자의 선호에 따라 직접 실행하지 않고 단지 읽기만 하거나, 머릿속으로 상상만 하는 것도 효과가 있습니다. 혼자 사용하거나 여럿이 사용해도 무방하나, 반드시 직접 실행할 것을 권장합니다. 체험이 끝난 뒤 사용자들이 직접 혹은 인터넷에서 만나 함께 토론할 것을 적극 권장합니다.

- 시도한 체험이 불쾌감을 일으키면 그 원인을 찾아보고 다음 체험으로 넘어가세요.

- 체험은 대부분 여러 갈래의 사유로 연결되므로 자유롭게 경로를 선택해 따라가십시오. 어느 경로로 진행할 것인지를 찾는 사용자에게 이 체험들은 단지 제안에 불과하다는 사실을 잊지 마십시오. 다른 경로를 따라가거나, 사용자가 직접 경로를 개발하는 것도 가능할 뿐 아니라, 적극 권장합니다.

1. 포장하기

동전 하나와 종이 한 장을 준비한다.

그리고 종이로 동전을 대충 싸보자. 그런 다음, 눈에 보이는 대로 볼펜, 셔츠, 접시, 책, 신발, 통조림 등 여러 사물을 하나씩 종이로 싸보자. 물론 사물에 따라 종이의 크기나 포장 방법, 포장의 난이도가 각기 다를 것이다. 포장된 사물의 모양 역시 천차만별일 것이다.

이처럼 쓸모없고, 엉뚱하고, 모양도 각기 다른 포장을 계속 만들다 보면, 한 가지 변함없는 사실을 깨닫게 된다. 즉, 당신이 포장에 특별한 재능이 있는 것도 아니고, 아무 이유 없이 종이로 운동화를 싸다 보면, 평소에 전혀 주의를 기울이지 않았던, 어떤 낯선 감정이 가슴 속에서 서서히 고개를 드는 체험을 하게 될 것이다.

어떤 사물을 포장하는 목적은 그 사물을 충격이나, 먼지나, 타인의 시선 등에서 보호하자는 데 있다. 우리는 사물을 포장함으로써 위험을 방지하고, 정돈하고, 때가 타거나 닳지 않게 한다.

이런 실용적인 결과들은 포장이 존재의 핵심에 일으키는 기이한 동요를 감추고 있다. 포장된 사물은 여전히 거기에 있지만, 동시에 없기도 하다. 사물이 사라지지는 않았지만, 직접 접근할 수 없게 됐다. 포장된 사물은 분명히 저기 있지만, 추상적으로 변했고, 자취를 감추었고, 뒤로 물러났다. 색깔도, 정확한 윤곽도, 세부적인 특징도 알아볼 수 없다. 단지 포장에 가려져 막연하고 알아보기 어려운 형태, 지각하기보다는 짐작하고 추정해야 할 대상만이 남았을 뿐이다. 그러나 익숙한 사물 자체는 여전히 존재하고 있고, 거기에는 의심의 여지가 없다. 종이만 벗기면 볼펜이든, 운동화든, 접시든 변함없이 안정적이고 익숙한 모습을 드러낼 것이다. 하지만 다른 의미에서 보자면, 이 익숙한 사물은 단지 시선에서 사라졌다는 이유만으로 평소의 통상적인 가치를 상실한다.

이 간단한 체험에서 우리는 무엇을 배울 수 있을까? 세상을 흔들어놓고, 낯설게 보이게 하고, 부분적으로 접근할 수 없는 것으로 만들어놓는 데에는 그리 큰 것이 필요하지 않다. 종이 한 장, 얇은 포장지, 간단한 감추기, 가리기만으로 충분하다.

우리가 확고하다고 믿는 증거라는 것도 따지고 보면 이처럼 언제 무너질지 모르는 신념에 달렸을 뿐이다. 같은 일도 때와 기분에 따라 불안한 것이 될 수 있고, 재미있는 것이 될 수도 있다.

2. 우주 여행하기

화성인들의 실종은 인간에게 큰 불행이다.

이들은 한때 미지를 꿈꾸는 사람들에게 최상의 해법을 제시하지 않았던가? 우리가 사는 세상과 근본적으로 다른 세상, 장엄한 신비의 세계, '완벽하게 다른 어떤 것'을 꿈꾸고 싶을 때 화성인들만 한 것이 없었다. 그들은 이 세상이 전부가 아니며, 전혀 다른 세상이 아찔할 정도로 무궁무진하게 존재한다는 달콤한 믿음을 심어줬다. 그런 세상에서는 인간의 지능과는 비교할 수 없는 능력이 존재하고, 상상을 초월하는 형태와 신비스러운 힘이 지배하리라고 믿으며 우리는 마음껏 상상의 나래를 폈다.

그러나 이제는 아무도 그런 상상 따위는 하지 않는다. 게다가 모든 외계인은 위기 상황에 놓여 있다. 거대한 천체망원경으로 우주를 아무리 샅샅이 뒤져도 개미 새끼 한 마리 보이지 않는다. 막강한 기능을 자랑하는 수신 장치를 아무리 작동해도 우주에서는 숨소리 하나 들려오지 않는다. 그야말로 완벽한 침묵뿐이다. 그러나 어떤 이들은 이 정적이 바로 외계인의 존재에 대한 확고부동한 증거라고 주장한다. 월등하게 우월한 외계의 존재들은 저열한 지구인들과 교류하기를 원치 않기에 기침 소리도 내지 않는다는 것이다!

이처럼 어떠한 생명체의 흔적도 찾아볼 수 없는 우주는 침울하기만 하다. 누가 아무런 놀라움도 없는 우주를 탐험하고 싶겠는가? 꿈꾸고 싶어 하는 사람들의 관심이 사라진 우주는 썰렁하고 서글프다.

하지만 걱정하지 마시라! 이 문제를 해결할 좋은 방책이 있다. 아무리 발버둥 쳐도 도달할 수 없는 은하계나 까마득히 먼 항성들은 이제 귀찮게 하지 말고 내버려두자. 우리가 사는 이 세계와 완벽하게 다른 우주를 체험하고 싶다면 더 좋고 강력한 방법이 있다. 게다가 엄청나게 쉽기까지 하다.

거리로 나서라. 당신이 사지가 멀쩡하다면 전신이 마비된 사람을 찾아가라. 당신에게 집이 있다면 노숙자를 찾아가라. 당신이 건강하다면 환자를 찾아가라. 당신이 한 번도 부유하게 살아본 적도 없고, 부자들은 대체 어떻게 사는지 감조차 잡을 수 없다면 소위 '슈퍼 리치'라고 불리는 사람을 찾아가 보라. 당신이 그럭저럭 먹고살 만하다면, 무료급식소에서 끼니를 해결하고, 거리에서 추위를 견디며, 남이 버린 옷을 주워 입고, 자기 몸을 돌보지도 못하는 사람을 찾아가라.

물론, 무작정 거리로 나선다고 해서 이런 사람들을 만날 수 있는 것은 아니다. 그러나 뜻이 있는 곳에 길이 있다. 처음 나선 거리에서 대상을 찾지 못했다면, 그다음 거리로 가라. 거기서도 찾지 못했다면, 그다음 거리로 가라. 그러다 보면 반드시 만나게 된다.

그렇다. '다른 세계'란 대단한 것이 아니다. 고통으로 몸부림치는 사람과 환희의 축배를 드는 사람이, 병든 사람과 건강한 사람이, 굶어 죽어가는 사람과 배가 터지도록 먹는 사람이, 사랑받는 사람과 버려진 사람이, 남을 생각하는 사람과 자기만을 생각하는 사람이 서로가 서로를 모르는 채 바로 옆에서 살아가는 이 세상에는 수많은 '다른 세계'가 엄연하게 존재한다.

이 '평형 세계'에서는 나이, 육체, 재산 상태, 교육 정도, 사는 지역, 그리고 무수히 많은 기준에 따라 냄새에서부터 신념에 이르기까지 모든 것이 완벽하게 다르다. 입는 옷도, 하는 행동도, 다니는 장소도, 사용하는 언어도, 욕망하는 대상도, 심지어 남에게 보여주고자 하는 것마저도 전혀 다르다.

따라서 다른 세상을 보고자 허망하게 저 하늘의 은하계를 탐색하기보다는 거리에서 이처럼 전혀 다른 세계를 체험하는 우주여행을 시도해보라. 그리고 지금 자신이 사는 우주를 바꾸는 일이 아파트 건물의 층을 바꾸기보다 얼마나 수월한지를(그리고 얼마나 어려운지를) 실감해보라. 또한 얼마나 황당한 일인지도 체험해보라. 당신의 이웃을 잘 관찰해보면 화성인들보다 더 황당한 사람들이라는 사실을 알게 될 것이다. 게다가 그들에게 다가가기 위해 우주선을 만드는 일 역시 보통 까다로운 작업이 아니다.

3. 낯선 사람 초대하기

페이스북에서는 십억 명의 잠재적인 친구가 당신을 기다리고 있다. 하지만 페북에서 당신은 늘 같은 사람들을 만난다. 이상적으로는 인간이 모두 동등하고, 어떤 점에서든 각자가 똑같이 흥미로운 존재라고 믿지만, 실제로 당신은 불과 몇 명의 가족이나 친구, 동료만을 알고 지낼 뿐이다. 왜? 그 정도면 충분하니까!

낯선 사람을 저녁 식사에 초대해보자. 간단하고 구체적인 체험이다. 대단한 잔치를 벌일 일도 아니니, 큰돈이 들지도 않는다. 여섯에서 여덟 명 정도면 충분하다. 아니, 서너 명이라도 괜찮다. 메뉴는 예산이나 취향 등을 고려해서 그저 소박하게 구성하면 된다. 스파게티에 과일 정도면 괜찮지 싶다.

그런데 저녁에 초대할 낯선 사람을 어디서 찾을 것인가? 그런 사람들을 소개해주는 전문 기관이 있는 것도 아니고, 인터넷 사이트가 있는 것도 아니다. 그러니 당신 스스로 머리를 굴려야 한다. 인맥을

활용하든, 지역 무가지에 광고를 내든, 자주 가는 가게에 종이쪽지를 붙이든, 방법이 있을 것이다.

이 체험에서 첫 번째 발견은 낯선 사람이 과연 누구인지를 아는 일이 쉽지 않다는 사실이다. 무작위로 선택한 사람을 '낯선 사람'이라고 부를 것인가? 낯선 사람을 초대한다는 것은 '아무나' 초대한다는 것을 의미하지 않는다. 왜냐면 당신은 어떤 사람은 받아들이지만, 또 어떤 사람은 거부할 테니까. 따라서 어떤 기준을 따를 것이냐는 문제가 간단하지 않다. 만약 당신이 다소 익숙한 부류의 사람을 선택한다면, 그것은 낯선 사람을 초대하려던 의도에서 벗어나 진부한 저녁이 되기 쉽다. 그렇다면, 진짜 낯선 사람을 어떻게 알아볼 것인가? 이 질문은 당신이 아직 모르는 것을 미리 알아야 한다는 말과 다름없다. 어쨌든, 이 체험은 이전에는 몰랐던 엉뚱한 것을 발견하는 데 의의가 있다.

결국, 당신이 이 엉뚱한 저녁 식사 체험에서 발견하게 되는 것은 타인이 아니라 자신에 관한 사실이다. 실제로 당신이 그 낯선 사람과 식사하면서 그에 대해 알아내게 되는 것은 그의 직업이나 취미, 생활 방식 등 대수롭지 않은 것들뿐이다.

이 체험의 흥미는 낯선 사람과 있을 때 당신이 느끼는 불안, 환상, 어리석은 기대, 이유 없는 두려움 같은 감정에 있다. '낯선 사람'이라는 대상을 떠올릴 때 사람들은 머릿속에서 어떤 이야기를 지어내곤 한다.

당신이 저녁 식사에 초대하기에 가장 적합한 낯선 사람은 바로 당신 자신이다. 그리고 이것이 바로 이 체험의 교훈이다.

4. 남에게 장보기 부탁하기

누구에게나 장을 볼 때 선호하는 상품이 있게 마련이다.

좋아하는 식품은 장바구니에서 빠지지 않지만, 절대로 사지 않는 식품도 있다. 늘 쓰는 세제가 있으면 다른 세제는 있는 줄도 모른다. 누구에게나 자주 가는 가게, 신뢰하는 상표, 좋아하는 간판이 따로 있어서 다른 것들은 거들떠보지도 않는다. 간단히 말해서 당신에게 는 습관이 있다. 당연한 일이다. 아무 문제 없다.

하지만 한번 모든 걸 바꿔보자. 당신의 선택에 따라 24시간, 48시 간, 혹은 일주일 동안만 해보자. 위험은 거의 없으면서도 효과는 만 점이다. 운이 좋다면, 최고치의 놀라움을 체험을 할 수 있다.

먼저 당신이 할 일은 주변에서 한 사람을 골라 당신 대신에 '그 사 람 생각대로' 장을 봐달라고 부탁하는 것뿐이다. 이웃사람이나 친척 처럼 믿을 만하지만 아주 가깝지는 않은 사람을 골라야 한다. 그리고 그에게 돈을 주고 24시간, 48시간, 혹은 일주일간 당신에게 필요한 물건을 사달라고 부탁하라.

물론 어떤 물건이 필요하다고 말해서는 안 된다! 장보기 목록 같은 걸 줘서는 절대 안 된다! 그에게 어떤 주문도 하지 말고, 단지 '네가 평소에 장 볼 때처럼 하면 돼!', '네가 알아서 해', '네가 장 볼 때 가는 곳으로 가면 돼', '내일 하루(이틀, 일주일간) 필요한 것만 사다줘'라고만 말하라. 그에게 왜 이런 부탁을 하는지는 상황과 상대에 따라 적절하게 둘러대라. 목적은 그가 당신이 준 돈으로 정해진 기간만큼 당신에게 필요하다고 생각하는 물건을 사다주는 데 있다.

자, 이제 당신에게는 놀랄 일만 남았다! 아니, 더 정확히 말하자면 그가 사 온 각각의 물건을 보면서 당신은 깜짝깜짝 놀라고, 마음 깊은 곳에서 어떤 근본적인 이질감 같은 것을 느끼게 될 것이다. 과일도 채소도 당신이 평소에 먹던 것과 다르다. 통조림도 양념도 그때까지 한 번도 사본 적이 없는 것들이다. 상표도 포장도 생소한 식료품들, 맛도 희한하다. 어떤 것은 마음에 쏙 들지만, 어떤 것은 짜증난다. 어쨌든 그가 가져온 장바구니에서 꺼낸 대부분 물건에서 낯선 느낌이 강렬하게 든다.

처음에는 그 낯선 물건들에 몇 푼 들어가지도 않았으니 피해가 그리 크지도 않을뿐더러 기껏해야 24시간 동안만 견디면 된다는 생각이 들 것이다. 그러나 다음날 문득 또 다른 사람에게 이 '깜짝 장보기'를 부탁하면 어떤 놀라움을 선사할지 궁금해질 것이다. 왜냐면 당신은 다른 사람들의 시선이 당신의 일상을 얼마나 예측할 수 없이 바꾸어놓을 수 있는지를 이미 체험했기 때문이다.

5. 카망베르 치즈 사기

카망베르 치즈를 가지고 대체 어떤 사고를 체험할 수 있을지 얼핏 감을 잡을 수 없을 것이다.

미각 체험이야 할 수 있겠지만, 치즈를 가지고 사고를 체험한다? 게다가 그냥 사고도 아니고 철학을 체험하다니! 쓸데없는 짓 아닐까? 어쨌든 치즈는 혀의 문제이지, 머리의 문제는 아닌 듯싶다. 과연 그럴까? 나는 카망베르 치즈를 사는 행위마저도 돈도 노력도 들이지 않고 해볼 수 있는 재미있고 유익한 체험이라고 주장한다. 그리고 내 주장이 옳다는 것을 이제 곧 증명할 참이다.

체험을 시작하기 전에 먼저 몇 가지 간단한 질문에 대답해보시라.

첫 단계: 당신은 카망베르에 대해 얼마나 알고 있나? 카망베르가 치즈라는 사실조차 모르는 사람도 있고, '프랑스산 치즈'라는 정도로 어렴풋이 알고 있는 사람도 있을 것이다. 혹은 조금 더 깊은 지식을 갖춘 사람도 있을 것이다. 예를 들어 카망베르는 노르망디 지방의 작

은 마을 이름이며, 18세기에 이곳 농부의 아내인 마를 하렐이라는 여자가 처음으로 카망베르 치즈를 만들었으며, 이 치즈를 만들 때 엉긴 우유를 동그란 통에 쏟아부어 굳히고 발효시키는 과정을 거치며, 손가락으로 눌러도 쑥 들어갈 만큼 말랑말랑하고, 맛이 풍부하며, 지방 함량은 45~50% 정도이고 특히 나폴레옹 시대에 유명해졌다는 사실을 아는 사람도 있을 것이다. 그렇다면 당신은 이 심오한 '카망베르학(學)'에서 지식수준이 어느 정도인가?

두 번째 단계: 당신은 카망베르와 얼마나 가까이 있나? 집에서 걸어가서 몇 분 안에 살 수 있는 거리에 있나? 차를 타고 한두 시간 가야 하는 거리인가? 아니면 꼬박 이틀을 가야 하는 거리에 있나? 이 질문에 대한 대답은 당신이 프랑스에 있는지, 아프리카 사하라 사막 남쪽 사헬에 있는지, 예멘에 있는지, 부탄에 있는지, 안데스 산맥 알티플라노 고원에 있는지에 따라 달라질 것이다.

세 번째 단계: 지금 당신이 속한 사회에서 카망베르는 어떤 위치에 있나? 당신이 길에서 마주치는 사람들은 카망베르가 무엇인지 알고 있나? 그들은 카망베르를 먹나? 조금, 많이, 아주 많이, 미친 듯이 좋아하나? 혹은 그것이 무엇인지도 모르고, 설령 알아도 절대로 먹지 않나?

이처럼 어떤 사물이라도 그것을 중심적인 기준으로 삼으면(여기서는 프랑스 땅에서 생산된 치즈가 그 기준이 됐지만) 사람들 사이의 문화적·지리적·사회적 거리를 가늠할 수 있게 된다. 물론 체험을 여기서 멈출 수는 없다. 수학자들이 흔히 말하듯이 카망베르는 단지 '갈릴레오적인 기준'에 불과하다. 그것을 다른 사물과 비교하면서 체험을 계속해야 한다.

한국의 김치, 인도의 빈랑자[1], 아프리카의 카사바[2], 볼리비아의 키노아[3]도 카망베르와 똑같은 기준이 될 수 있다. 체험의 대상으로 삼은 음식이 어떤 것이든, 당신과 그 음식 사이의 친근성, 그리고 당신이 있는 곳에서 그 음식을 얻는 난이도를 가늠해보라.

사케도 마찬가지다. 만약 당신이 사케가 무엇인지조차 모른다거나 중국집에서 파는 매뢰로주와 진짜 니혼슈를 혼동한다면, 구이노미(ぐいのみ)[4]와 오초코(おちょこ)[5]를 구분하고, 아쓰칸(あつか

---

1) betel nut: 외떡잎식물 종려목 야자나무과의 교목의 열매로 4억 명 이상이 이것을 씹고 있으며 인도에서만 연간 10만 톤 이상을 소비한다고 한다.
2) cassava: 쌍떡잎식물 쥐손이풀목 대극과의 낙엽관목. '마니오크'라고도 부른다. 덩이뿌리에서 채취하는 타피오카(tapioca)는 중요한 녹말 자원으로 음식으로도 사용한다.
3) quinoa: 남아메리카 안데스산맥 고원에서 자라는 곡물. 쌀보다 조금 작은 둥근 모양으로 단백질·녹말·비타민·무기질이 풍부해 영양 면에서 우유에 버금가는 식량으로 인정받는다. 현재 유럽·미국·일본에서 건강식품으로 인기를 끌고 있고, 쌀 다음가는 주요 식량원, 또는 대체 식물 자원으로 부상하고 있다.
4) 크고 운두가 높은 사케 잔.
5) 사기로 된 작은 사케 잔.

ん)[6]과 히토하다칸(ひとはだかん)[7]과 히야(冷や)[8]를 구분하는 사람과 같은 세상에서 살고 있다고 말할 수 없다.

조금만 더 노력해보면, 이 세상의 수많은 지도가 보일 것이다. 아니, 자신만이 알고 음미하는 것만이 획일적으로 존재하는 단 하나의 우주가 아니라, 평행으로 그리고 연속적으로 존재하는 수많은 지역을 엿보게 될 것이다. 아주 단순한 음식들, 그리고 평범한 소비자들 사이에 엄청나게 다양한 거리와 지극히 미묘한 관계망이 형성돼 있음을 알게 될 것이다.

결국, 당신은 모든 음식이 이 세계에서 마치 하나의 나침반처럼, 하늘을 수놓은 별을 이어놓은 천체도처럼 작용하고 있음을 깨닫게 될 것이다.

6) 뜨겁게 데워서 마시는 사케.
7) 상온으로 마시는 사케.
8) 차갑게 마시는 사케.

6. 신분 사칭 하기

전에는 남의 신분을 이용해서 위장하기가 몹시 까다로웠다.

가짜 증명서를 만들고, 외모를 바꾸고, 신분을 훔칠 대상을 잘 아는 사람들과 마주치지 않도록 조심하는 등 이것저것 신경 써야 할 일이 많았다. 그러나 이제 이런 구시대의 노고는 필요 없게 됐다.

요즘은 타인 신분으로 위장하기가 식은 죽 먹기다. 인터넷에 떠돌아다니는 적당한 사진을 다운받고, 여기저기서 주워 모은 이력을 꿰어 맞추면 이메일 계정은 물론이고 페이스북이나 트위터에도 가짜 신분으로 얼마든지 계정을 개설할 수 있다.

물론 이런 짓은 범법 행위다. 실제로 여러 나라에서 신분 사칭은 중대한 범죄로 간주하고 있다. 남의 신분으로 나쁜 짓을 하지 않는다거나, 기술적으로 신분 위장 사실을 추적할 수 없게 한다고 해서 달라질 것은 없다. 이런 장난의 부도덕한 측면이나 여파를 생각하면 생각조차 하지 말아야 할 일이다. 그렇다면 그 나름대로 재미있어 보이는 이 체험을 포기해야 할 것인가? 당연하다. 그러나….

남이 아니라 자기 자신의 신분을 사칭한다면? 다시 말해 다른 사람이 당신의 신분을 사칭했다고 믿게 한다면 어떻게 될까? 물론 당신의 신분을 사칭한 사람은 당신 자신이다. 이렇게 되면 아무에게도 해가 되지 않는 신분 사칭이면서도 흥미로운 체험을 해볼 수 있다.

이 체험을 실행에 옮기는 방법은 여러 가지다. 예를 들어 가까운 친구들에게 엉뚱한 내용을 담은 메일이나 문자 메시지를 보내면 그들은 틀림없이 당신의 주소록을 해킹한 자가 위험한 짓을 하고 있다고 믿을 것이다. 혹은 당신의 이력을 바꾸어놓든가, 당신의 평소 정치적·종교적·이념적 성향과 전혀 다른 의견을 표출한다면 누군가가 당신의 신분을 사칭했다고 주장할 만한 근거가 마련될 것이다.

사실, 어떤 방식으로 자신의 신분을 도둑맞은 것처럼 보이게 하느냐는 그리 중요하지 않다. 왜냐면 이 체험의 핵심은 이런 모순적인 상황의 철학적인 측면을 성찰하는 데 있기 때문이다. 다시 말해 지금까지 늘 누군가가 '나'의 행세를 하면서 살아왔거나 내가 '누군가'의 행세를 하며 살아왔음을 깨닫는 것이 중요하다. 그러나 이 체험을 통해 당신은 스스로 '나'로 행세하는 타인으로 행세하는 자신과 만나게 될 것이다.

이처럼 자신을 '밖에서' 들여다보는 새로운 관점에는 성찰이 필요하다. 그리고 자신이 자신으로서 살아가는 데 얼마나 큰 신중함이 필요한지를 새삼 느끼게 될 것이다.

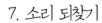

7. 소리 되찾기

삶은 '보기'의 연속이다.

모든 것이 시선을 통해 이뤄진다. 이 남자에서 저 여자로, 이 책에서 저 영화로, 이 풍경화에서 저 초상화로…. 심지어 누군가와 소통할 때에도 얼굴을 맞대고 눈과 눈을 마주쳐야 오해가 없다.

그렇다면, 시선을 떠나 세상의 다른 측면을 탐험해보면 어떨까? 다시 말해 다른 감각을 통해 세상을 다르게 인식해보자는 것이다. 이제 눈에 보이는 이미지보다 귀에 들리는 소리에 집중해보자.

우리 주변에서는 수만 가지 소리가 들린다. 언제 어디서나 소리가 들리지만, 우리는 대부분 무시하고 지나친다. 소리는 서로 섞이며 배경을 이뤄 우리 삶에서 부차적인 역할에 국한되기도 한다. 심지어 소리가 들린다는 사실 자체를 의식하지 못할 때도 있다. 자, 이제 귀를 기울여보자. 소리는 놀라움을 감추고 있다.

예를 들어 손을 씻으며 소리를 들어보라. 그야말로 한 편의 협주곡이 펼쳐진다. 수도꼭지에서 물이 떨어지는 소리, 물이 세면대에 튕겨나가는 소리, 비누를 문지를 때 나는 소리, 떨어지는 물에 손을 가져갔을 때 들리는 소리, 손바닥을 헹굴 때 나는 소리….

혹은 공원 벤치에 앉아 눈을 감고 가만히 소리를 들어보자. 그때까지 공원을 가득 메운 막연한 소음 덩어리에서 각각의 소리가 한 올한 올 실타래처럼 풀리며 들리기 시작한다. 이쪽에서는 날카로운 새울음소리가 들리고, 저쪽에서는 아기를 태운 유모차의 바퀴 소리가들린다. 그리고 저 멀리에서는 여전히 분간할 수 없는 도시의 소음이들려온다. 바로 앞에서 아이가 지르는 소리가 들리고, 그 뒤에서는휴대전화로 통화하는 여자의 목소리가 들린다. 그리고 그 뒤에서는일정한 간격으로 떨어지는 분수의 물방울 소리가 아주 희미하게 들려온다.

이처럼 언제나 여러 가지 소리가 섞여 들릴 뿐, 하나의 소리만이들리는 경우는 극히 드물다. 그러나 저녁나절 비 오는 거리를 달리는자동차들의 바퀴 소리나 운동장의 관람석에서 웅성거리는 인파의소음, 바다에서 규칙적으로 밀려오는 파도 소리처럼 매끄럽게 한 덩어리가 돼 지속적으로 들려오는 소리도 하나하나 분리해 각각의 고유한 소리로 들을 수 있다.

이런 각각의 소리에는 각각의 존재 방식이 있다. 무리를 이루거나, 홀로 존재하거나, 침묵하거나, 몰래 발현하면서 소리는 서로 결합하고, 응답하고, 이별하고, 섞이고, 모이고, 흩어진다.

소리가 무언가의 부속물이라는 생각은 환상이다. 어떤 사물에서 비롯한 소음이라든가, 심지어 우리의 기분에 따라 달라진다고 믿는 것은 착각일 뿐이다. 그것처럼 엉뚱한 생각은 없다. 왜냐면 소리는 우리의 기분이나, 의견이나, 관심과는 상관없이 독립적으로, 스스로 존재하기 때문이다.

소리는 우리가 끌고 다니는 개가 아니다. 그러나 우리가 소리에 귀를 기울이면 기꺼이 모습을 드러낸다. 그러니 망설이지 말고 소리를 체험해보자. 소리는 우리의 아주 작은 동작 하나에도, 예를 들어 흐르는 물에 손가락을 대기만 해도 나타나고, 수천수만의 소리가 늘 우리 주변에서 나타날 준비를 하고 있다. 소리에 어떻게 접근해야 하는지를 안다면, 얼마든지 소리를 잘 이용할 수 있다.

소리를 다룰 때에는 매우 조심스러워야 한다. 자칫하면 소리는 죽어버리기 때문이다. 닿을 듯 말 듯, 손바닥으로 사물의 표면을 스칠 때 나는 아주 미세한 소리보다 더 연약한 것은 없다. 사람들이 믿는 것과는 달리 엄청난 굉음도 몹시 수줍음을 탄다.

이처럼 '듣기'는 조금씩 지식을 쌓아가야 할 분야다. 그렇게 듣기를 훈련하다 보면 예를 들어 찰칵찰칵하는 소리는 부릉부릉하는 소리를 싫어한다는 것을 알게 되고, 찌익찌익하는 소리는 저항력이 매우 강하다는 것도 알게 된다. 인파가 가득 들어찬 넓은 공간에서 웅성웅성하는 소음을 배경으로 짧고 강하고 예리하게 울리는 딱! 소리는 대번에 소리의 지형을 바꾸어놓는다.

자, 이제 당신의 소리는 과연 어떤 것인지를 찾아볼 차례다.

8. 하찮은 것들 수집하기

수집에는 광기가 개입한다.

이 세상에 존재하는 수많은 사물 중에서 서로 닮았으면서도 서로 다르고, 서로 경쟁하고, 서로 비교되고, 서로 보완하고, 서로 대립하는 것들을 한데 모으는, 아주 묘한 작업이 바로 수집가의 일이다. 그것은 치밀하고 끊임없고 때로 무모한 집착의 결과이기도 하다. 조금 미쳐야 할 수 있는 일이다.

수집가들은 이 광기를 더 멀리 밀고 나가, 유명한 물건이 있는 곳이라면 지구 끝까지라도 달려간다. 꼭 비싸고 귀중한 것이나 반드시 필요한 것이 아니라 그것이 만들어진 양식이나 시대를 통해 인간 활동의 한순간을 대변하는 엉뚱하거나 감동적인 증거에 부여된 명성이 그들에게는 중요하기 때문이다.

그렇다면, 아무것도 아닌 것, 눈에 띄지도 않고, 의미도 없는 하찮은 것들을 수집해보면 어떨까? 버리는 옷에 달린 단추, 터키산 담배

꽁초, 닳아서 만질만질해진 조약돌, 여러 가지 종류의 끈, 키위 잼 상표, 쌀알, 성냥개비, 클립 등 선택의 폭은 넓다.

어쨌든 무엇을 수집하느냐는 중요하지 않다. 중요한 것은 당신의 수집 활동이 꽤 오랫동안 지속해서 점점 부담스러워질 때까지 꿋꿋이 계속한다는 데 있다. 당신은 여러 시대를 거치고도 아직 세상에 남아 있는 것 중에서 호기심을 자극하거나 마음을 사로잡는 '작고 하찮은 것'을 소유하게 될 것이다. 그러다 보면 당신과 마찬가지로 그 '작고 하찮은 것'을 수집하는 다른 사람들, 경쟁자들, 혹은 동호인들을 만나 서로 수집품을 바꾸거나 정보를 교환하는 일도 생길 것이다.

이 체험을 통해 당신은 무엇을 깨달았는가? 어떤 수집도 그 수집품 자체에 가치가 있는 것은 아니라는 사실이다. 중요한 것은 무언가를 모으는 행동일 뿐, 모아놓은 물건이 아니다. 그리고 그 행동은 당신의 삶과 직결돼 있다. 당신이 아니었다면, 버릴 옷의 단추도 성냥개비도 절대 한곳에 모일 수 없었을 것이다. 그저 주변의 혼돈 속에 흩어져 있는 사물에 불과했을 것이다. 오로지 당신이 있었기에 그것들을 발견하고, 줍고, 옮기고, 모아서 보존될 수 있었다.

이것은 우리가 살아가는 일과 다르지 않다. 여기저기 흩어져 있는 사소하고 하찮은 것들을 함께 모아놓는 일, 그것이 우리 삶이다.

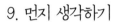

9. 먼지 생각하기

이것에 주의를 기울이는 사람은 거의 없다.

일반적으로 쓰레기로 취급하는 먼지의 세계는 우리가 돌아보지 않는 ―시야와 관심에서 벗어났기에― 회색 지대다. 아이러니하게 들릴지 모르지만, 그렇기에 더욱 먼지의 세계는 살펴볼 만한 가치가 있다.

눈에 보이는 세계를 작동시키는 수수께끼는 우리가 평소에 무시하는 것, 배척하는 것, 억압하는 것들 속에 숨어 있다. 따라서 우리가 이 체험을 위해 떠나는 탐험의 출발점이 하찮거나 쓸모없이 보이더라도 미리 실망할 필요는 없다. 깊이 파고 들어가 보면 현기증이 날 것 같은 세계가 숨어 있음을 발견하게 될 테니까.

얼핏 보기에 먼지는 집 안의 사소한 수수께끼일 뿐이다. 실제로 끝없이 쓸어내고, 닦아내고, 털어내도 늘 새로운 먼지가 쌓인다. 먼지는 어디서 오는 걸까? 문과 창문을 꼭꼭 닫아놓았는데, 어디로 들어

오는 걸까? 그리고 무엇으로 만들어졌을까? 신기할 따름이다. 그러나 우리는 일상에 파묻혀 이런 질문들을 먼지와 함께 쓸어버린다. 청소가 질문을 대체하는 것이다. 게다가 먼지 따위를 두고 의문을 품을 필요는 없다. 그저 없애버리면 그만이니까.

과연 그럴까? 실제로 끝없이 회귀하는 먼지와 청결에 대한 우리의 끝없는 집착에 대해 잠시 생각해보면 놀라지 않을 수 없다. 만약 우리가 먼지를 단순한 쓰레기로 생각하지 않고 그 나름대로 가치가 있다고 생각해 쓸어버리지 않고 내버려둔다면, 그래서 모든 것이 서서히 먼지로 덮여간다면, 세상은 과연 어떻게 변할까? 푹신하고, 부드럽고, 희미하고, 안락하게 변할까? 아니면 그와 반대로 마치 무시무시한 잿빛 후광 같은 흐릿한 솜털 장막에 푹 파묻혀버릴까?

그러나 먼지를 두고 이런 공상에만 빠져 있다 보면 정작 결정적인 문제를 간과하게 된다. 즉, 먼지는 존재론적인 수수께끼라는 사실 말이다. 무(無)와 존재(存在)의 중간 어디쯤에 있는 먼지는 흩어지면서도 달라붙고, 미미하면서도 끈질기다는 특성을 보인다. 고체와 기체의 경계에 있으면서 실제로 거의 형태조차 없는 물질이지만, 먼지는 마치 아무렇지도 않다는 듯이 형이상학의 범주들을 대번에 날려버린다. 그리고 우리는 먼지에 대해 생각하려는 노력이 극단적인 체험이라는 사실을 깨닫게 된다.

자, 조금 진지하게 생각해보자. 실제로 무언가를 생각하려면 —막연하고 어렴풋한 생각이 아니라 어떤 대상에 대한 명백하고, 분명한 생각— 그 생각에 윤곽이 있어야 한다는 것이 필수적인 조건이다. 애초에 '생각'이라는 말이 생겨났을 때부터 그랬듯이 선명한 경계, 단단한 구조가 필요하다. 희랍어로 생각을 뜻하는 eidos는 '형태'를 의미한다. 형태가 없으면 사고도 존재할 수 없다. 그런 점에서 먼지는 우리가 생각을 형성할 수 없는 대상처럼 보인다. 형태 없이 공중에 떠다니고, 가루 같은 상태로 촉각과 시각의 한계 지점에 있는 먼지는 서구적 사고로는 도저히 파악할 수 없을 것 같다.

먼지를 생각하려면 다르게, 다른 곳으로 가서, 다른 방법으로 성찰해야 한다. 고체보다는 유체 쪽으로, 선명한 쪽보다는 모호한 쪽으로, 안정성보다는 불연속성 쪽으로 가야 한다. 연기와 안개와 구름과 순간적인 반짝임 쪽으로 가야 한다. 찌꺼기에 주목하고, 폐기물을 회복시키고, 모든 물질을 똑 같은 가치로 인식하는 쪽으로 가야 한다.

이런 여정이 가능하다면, 그것은 길고도 모호한 길이 될 것이다. 이런 여정을 상상해보면 어렵게 느껴지기도 하고, 경이로워 보이기도 할 것이다. 그러나 이 여정이 끝날 때 세상은 전혀 다르게 보일 것이다. 같으면서도 다르고, 먼지가 배제되지 않고 포함된 세상이 보일 것이다.

당신은 거실의 창을 통해 들어온 햇빛을 받아 반짝이며 떠다니는 먼지 알갱이들을 진공 상태에서 운동하는 원자와 비교하면서 루크 레티우스를 떠올릴지도 모른다. 혹은 인도에까지 가서 공(空)에서 전광석화와 같이 나타났다 사라지는 법(法)을 발견할지도 모른다. 그리고 한순간 먼지에 대한 생각에 접근했다고 믿을지도 모른다. 그럴 때 우리 시각은 반전을 체험한다. 먼지야말로 '생각'이라는 것의 은밀한 전형임이 갑자기 드러나는 것이다.

생각의 영역에서 '청소'하는 것은 순환적인 활동이다. 생각을 '청소'하다 보면 새로운 먼지가 생기고, 다시 청소할 필요가 생긴다. 그리고 다시 청소하다 보면 또다시 새로운 먼지가 생긴다. 이처럼 끝없이 반복되는 먼지와 청소의 이야기를 우리는 '생각의 역사', 혹은 '사상사'라고 부른다.

10. 정돈하기

여기 그릇과 그릇장이 있다.

저기 옷과 옷장이 있고, 연장과 연장통이 있다. 조금 떨어진 곳에 서류와 서류철이 있다. 우리는 그릇을 그릇장에, 옷을 옷장에, 연장을 연장통에, 서류를 서류철에 넣어야 한다고 생각한다.

왜 그래야 할까? 정돈한다는 것은 어떤 쓸모가 있을까? 물건을 정돈해두면 필요할 때 금세 찾을 수 있기 때문에? 아니면 아무렇게나 널려 있는 물건 더미를 밟고 다니지 않으려고?

그런 것만은 아니다. 다른 뭔가가 있다. 즉, 물건을 정리한다는 것은 머릿속을 정리한다는 것을 뜻하고, 안과 밖, 세상일과 생각에 질서를 부여한다는 것을 의미한다.

자, 체험을 시작해보자. 접시 한 개, 그다음에는 두 개, 그다음에는 세 개를 바닥에 아무렇게나 내버려두자. 옷 한 벌, 두 벌, 세 벌을 널린 채로 두고, 종이 한 장, 두 장, 세 장을 흩어진 채로 두자. 서류든 뭐든 어질러진 채로 방치해보자.

그럴 때 당신은 곧 어떤 형태의 긴장이 생기는 것을 느낄 것이다. 물론 이 긴장은 사물에서 비롯한 것이 아니다. 사물은 아무렇게나 어질러져 있든, 제자리에 잘 정돈돼 있든 변함없이 그대로다. 이것은 괴리감과 기능장애를 느끼는 당신의 머릿속에서 생긴 긴장이다. 너무 많은 사물이 여기저기 흩어져 있으면 우리는 외부 환경에서나 자기 내면에서나 갈피를 잡을 수 없게 된다.

물론 이런 긴장에 대한 감수성은 개인에 따라 차이가 매우 크다. 어떤 사람은 작은 스푼 하나가 식탁 위에 그대로 방치돼 있거나 클립 하나가 책상 위에 굴러다니는 것을 5분도 채 견디지 못한다. 하지만 어떤 사람은 온갖 물건이 산더미처럼 쌓여 뒤죽박죽으로 널려 있어도 전혀 불편을 느끼지 않고 그 사이를 이리저리 돌아다닌다.

이런 차이가 갈등의 원인이 되지 않는다면, 이것은 심지어 당신이 어떤 존재인가를 보여주는 일종의 시금석이 될 수도 있다. 즉, 당신이 어떤 난장판 속에서 혹은 얼마나 정돈된 환경에서 살아가느냐가 당신이 어떤 인간인지를 말해준다는 것이다. 다시 말해 이것은 단지 심리학적인 문제가 아니라 형이상학적인 문제이기도 하다. 왜냐면 여기서 문제시되는 것은 정신과 사물 사이의 관계, 대상과 사고 사이의 관계, 자아와 세계 사이의 관계이기 때문이다.

그리고 보면 청소야말로 모든 것이 통하는 왕도라고 할 수 있다.

11. 더러운 짓 하기

경계는 유동적이다.

더러운 것과 더럽지 않은 것, 수용할 수 있는 것과 배척하게 되는 것, 그저 그런 것과 역겨운 것 사이의 경계는 사람마다 다르다. 이 사람의 눈살을 찌푸리게 하는 것이 저 사람에게는 아무렇지도 않다. 교육 수준, 문화적 성향, 감수성에 따라서 내가 더럽다고 하는 것을 당신은 그렇지 않다고 생각할 수 있고, 그 반대의 경우도 있을 수 있다. 따라서 더러운 짓을 하는 경험의 성격은 그 더러움을 어떻게 느끼느냐에 달렸다.

하지만 이런 경험이 반드시 상대적이라고만 말할 수는 없다. 왜냐면 정도의 차이는 있겠지만 누구나 역겹다고 느끼는 것들이 있기 때문이다. 실제로 우리는 어떤 대상에 대해 조금 역겹게 느끼는 정도에서부터 매우 역겹게 느끼는 정도, 심지어 참을 수 없이 역겹게 느끼는 정도에 이르기까지 다양한 수준의 혐오감을 느낀다.

게다가 정도의 차이가 어떻든 간에 우리가 더러움을 느끼는 대다수 대상, 예를 들어 배설물, 신체 분비물, 혈액, 땀, 소변, 정액, 생리혈 등에 대한 감정은 똑같은 영역에 집중돼 있다. 거기에는 먹고, 마시고, 맛보고, 냄새를 맡는 것들, 몸에서 분비된 것들, 배어나오는 것들, 발효하고 부패한 것들이 모두 혐오의 대상이 돼 있다. 그럴 때 늘 관건이 되는 것은 우리가 동물성에서부터 떨어져 있는 거리다. 단순한 예를 들자면 개들은 아무렇지도 않게 서로 배설 기관의 냄새를 맡지만, '더럽다'는 생각은 인간의 머릿속에서만 존재한다.

이 체험은 우선 당신이 느끼는 혐오의 다양한 정도를 결정하는 것을 전제로 한다. 그러기 위해서 당신이 더럽다고 느끼는 행동을 네 가지만 찾아보자. 그리고 그것들을 가장 덜 더러운 것에서부터 가장 더러운 것까지 차례대로 분류한다. 그런 다음, 당신이 실천에 옮길 행동을 선택한다.

그리고 무엇을 관찰할 것인가? 바로 당신이 받은 유쾌하고 불쾌한 인상, 그 느낌을 관찰한다. 아마도 모든 것이 부정적이지는 않을 것이다. 혐오는 매력의 이면이며, 역겨움은 누릴 수 있는 쾌감에 대한 거부다. 늘 그런 것은 아니지만 대부분 그렇다.

의도적으로 무언가 더러운 일을 하면서 당신이 체험하게 되는 것은 당신이 스스로 세워놓은 경계에 대한 강하거나 약한 집착이다. 사물 자체에도 몸의 내부에도 '더러운 것'은 없지만 단지 우리의 감성이 형성된 상태에 따라 '더러운 것'이 존재한다. 물론 이 경계를 허물자는 것은 아니다. 게다가 그렇게 할 수도 없다. 그보다는 확고하거나 유동적인 이 경계의 성격을 느껴보는 것이 관건이다. 이런 체험을 통해 당신이 알게 되는 것은 당신의 사고가 얼마나 자유로우냐는 것이 아니라 얼마나 경직됐느냐는 것이다.

중요한 것은 이런 차이를 깊이 파고 들어가 보는 것이다. 만약 당신이 이 점을 좀 더 명확하게 알고 싶다면 친구들과 함께 길게 논의해야 할 것이다.

12. 거짓 소문 퍼트리기

얼핏 보기에 쉽고 재미있을 것 같다.

이야기를 하나 지어내서 많은 사람이 이것을 사실로 믿게 하고, 예측하지 못했던 결과를 관찰해보는 것이다. 물론 이런 짓이 위험할 수도 있다는 것은 누구나 알고 있다. 어떤 소문이든 한번 돌기 시작하면 그것을 만들어낸 사람이 어찌 해볼 수 없이 제멋대로 퍼져나가고 변질된다. 설령 악의 없는 장난이었다고 해도 난처한 상황이 벌어질수도 있고, 원치 않았던 희생자가 발생할 수도 있다.

이런 위험도 무릅쓰고 소문을 꼭 만들어보고 싶다면 그 대상을 다른 사람이 아니라 자신으로 삼는 기본적인 윤리를 지키자. 설령 해를 끼칠 의도가 없다고 해도 다른 사람에게 상처 주는 일이 없도록 당신 자신이 당신이 퍼뜨릴 소문의 표적이 돼야 한다. 이러면 사정이 달라진다. 어떤 소문이든 당신에 관해 이런저런 말이 떠돌기 전에 당신의 평판이나 가족, 직업에 심각한 폐해가 미치지 않도록 미리 신경을 써둬야 한다.

당신의 안전을 지키면서 이 체험을 진행하려면 조금 거북할 수도 있지만 그렇다고 너무 심각하지는 않은 사소한 사실, 당신에게 해를 끼치지 않으면서도 충분히 헛소문의 소재가 될 만한 사실을 퍼트려야 한다. 그럴 때 당신이 숨기고 싶어 하는 신체적 결함 같은 것을 들춰내는 것도 손쉬운 방법이다. 예를 들어 귀가 당나귀 귀처럼 길쭉해서 오래전에 수술을 받은 적이 있다는 소문을 퍼뜨릴 수 있을 것이다. 또는 일찍이 머리털이 모두 빠져서 엄청난 돈을 들여 모발을 이식했다고 소문을 내도 좋을 것이다.

이런 소문의 표적이 되는 것은 별로 어려운 일이 아니다. 물론 이 소문을 반박하고 사실을 알리려고 노력해야 한다. 이렇게 거짓 소문을 바로잡으려고 애쓰다 보면 사람들의 이목을 끌게 되고, 소문은 오히려 더 큰 신빙성을 갖추고 더 널리 퍼져나갈 것이다.

그러면 당신은 주저하지 말고 논쟁을 더 키워야 한다. 익명으로 소문의 증거가 되는 사실들을 공개적으로 알려서 당신이 제기했던 반박을 공격해야 한다. 예를 들어 조작된 당신의 사진 같은 것들을 퍼트리는 것이다. 귀가 길쭉하게 드러난 당신의 어린 시절 모습이라든가 대머리를 그대로 드러낸 젊은 시절 모습을 인터넷이든 SNS든 여기저기 노출하는 것이다.

여기서 중요한 점은 사람들이 당신의 주장을 진실로 믿게 하는 것이다. 당신이 아는 사람들이 진심으로 당신을 의심하게 해야 한다.

이 체험의 목표는 이처럼 철저하게 조작한 이 이야기가 진실로 남게 하는 데 있다. 그래서 어느 날 저녁 당신과 함께 즐겁게 담소하던 친구들이 약간 거북해하며 당신이 어렸을 때 귀가 정말 당나귀의 귀처럼 길었는지, 정말 대머리였던 적이 있는지를 조심스럽게 물어본다면 이 체험은 완전히 성공한 것이다. 당신은 아무리 완강하게 부인해도 그들이 진심으로 당신 말을 믿을지 확신할 수 없다는 사실을 깨닫게 될 것이다.

이런 상황에서 갑자기 당신을 사로잡는 감정은 가상의 세계를 창조하는 소설가가 생생하게 느끼는 어떤 감정과 비슷한 것이다. 그것은 바로 자신이 어떤 이야기를 지어냈든 이제 그것이 현실의 한 형태가 됐다는 데서 느끼는 만족이다.

13. 코칭 받기

바야흐로 코칭의 시대다.

모두가 자신에게 꼭 필요한 충고를 해주고, 도움을 주고, 개인적으로 관리해주는 '코칭'을 원한다. 일상의 모든 분야에서 누군가가 이렇게 해주기를 바라는 것이다. 가구를 선택할 때에도, 벽을 칠할 때에도, 자동차 시트를 고를 때에도, 화장하고 머리를 손질할 때에도, 옷을 고르고 입을 때에도, 식단을 짤 때에도, 체중을 감량할 때에도, 운동을 할 때에도, 아이들을 교육할 때에도, 취업 면접을 할 때에도, 이력서를 제출할 때에도, 연인에게 선물할 때에도, 심지어 상대를 유혹하기 위해 저녁식사를 할 때에도 코칭을 원한다. 이것이 대세이고 유행인 만큼, 이런 상황을 개탄하든 환영하든 달라질 것은 없다.

이 체험의 목표는 더 전문적이고, 더 명확하고, 더 세부적이고, 개인적 요구를 더 충족하는 새로운 기술을 고안해서 아직 개척되지 않은 분야의 코칭을 개발하는 데 있다. 예를 들어 귀를 더 잘 청소하고, 손톱을 더 우아하게 깎는 방법이라든지, 음식물을 더 잘 씹고, 더 완벽하게 소화하는 방법이라든지, 성기를 더 합리적으로, 과학적으로 세척하는 방법이라든지, 한 발을 다른 발 앞에 우아하게 놓는 방법, 품위 있게 앉는 방법, 기품 있게 일어서는 방법 등을 개발하는 것이다. 옷을 덜 비싸게 사고, 더 빠르게 입고, 더 오랫동안 간직하는 방법도 찾아보도록 하자. 자기 시간을 더 잘 관리하고, 추억을 더 잘 분류하고, 사유를 더 잘 정리하는 방법도 개발한다. 거짓말을 정확하게 분석하거나 거짓말을 잘하는 방법을 찾아내고, 환상을 유지하거나 깨부수는 방법도 궁리해보자.

이렇게 각자가 자기 나름대로 방법들을 개발해서 친구들 앞에서 소개하고 그 유효성을 주장해, 그중에서 가장 엉뚱한 것을 뽑아보자. 아니면 친구 중 누군가가 자기 문제를 호소하면 그 문제 해결에 가장 적합한 사람이나 기관, 혹은 개별적인 해결책을 찾아보기로 하자.

이처럼 상상할 수 있는 모든 종류의 코칭을 고안하고, 그 방법과 주장과 실행에 관해 상세히 정리했다고 해서 마냥 뿌듯해하고 있을 수만은 없다. 왜냐면 당신은 우리가 전부터 남의 도움 없이 아주 잘해오고 있는 일들을 하는 데 왜 이제 와서 갑자기 '전문가'라는 사람들이 그토록 필요하게 됐는지를 생각해봐야 하기 때문이다. 오늘날 이 전문가들은 서점, 언론, 연구소, 교육기관을 장악하고 사람들이 반드시 알아야 할 필요가 없는 일들에까지도 '전문화'를 강요하면서 어찌 보면 코칭을 위한 코칭의 새로운 분야를 만들어내고 있다.

이 체험을 통해 새로운 분야의 코칭을 개발한 당신도 눈앞에 새로운 돌파구가 열렸음을 깨달았을 것이다. 이제 당신은 코칭하는 사람들을 위한 코칭 전문가가 되고, 충고하는 사람들에게 충고하는 코칭 매니저로 등극할 수 있을 것이다. 그리고 자신에게 어떤 도움이 필요한지조차 모르면서도 코칭을 원하는 사람들은 이제 당신에게 코칭을 받기만 하면 모든 문제가 술술 풀리리라고 믿게 될 것이다.

14. 바보처럼 여행하기

당신은 영리하게 여행하는 법을 잘 알고 있다.

어딘가로 여행을 떠날 때 당신은 먼저 그 지역의 기원과 역사를 설명한 책을 읽고, 그곳 사람들의 풍습이나 신앙에 대해서도 알아보고, 정치, 종교, 민족적 갈등에 대한 정보도 확보한다. 일단 현장에 도착하면 중요한 사건이나 놀라운 이변, 교훈이 될 만한 사실들을 꿰고 있는 유능한 가이드를 구하고 싶어 한다.

왜냐면 당신은 배우고, 이해하고, 기억하기를 원하기 때문이다. 당신은 성벽 모퉁이에서, 시장 구석에서, 사원 입구에서 혹시라도 무언가를 놓칠까봐 노심초사한다. 그래서 안내서나 관련 자료를 꼼꼼히 모으고 읽어보지만 아무래도 해설이나 설명이 충분하지 못하다는 생각이 든다. 당신은 가는 곳마다 그 장소와 관련한 중요한 사실, 전해지는 전설, 전문가의 해석 같은 것을 알고 싶어 한다. 친구들은 멀찌감치 떨어져서 어슬렁거리고, 아무것도 모르면서 잘난 체하며, 지리에도 무관심하고 인류학에도 어둡고, 가이드의 설명을 무시하곤

한다. 그럴 때 당신은 오히려 친구들의 설명을 하찮게 여긴다.

그러나 사전 지식 없이, 아무것도 모르는 상태로 바보처럼 여행하는 데에도 매력과 교훈이 없지 않다. 왜냐면 바보처럼 여행할 때 글에 대한 무조건적인 신뢰를 버리고, 색채가 주는 순수한 충격과 현실적인 몰이해와 끝없는 놀람에서 당신을 떼어놓는 모든 해설과 설명의 틀을 벗어날 수 있기 때문이다.

정보나 설명이나 해석에 의존하기를 포기한다면 여행지에 대한 이해나 역사적 사실들에 대한 그럴 듯한 지식이나 이런저런 만남을 놓칠 수도 있다. 하지만 그 낯선 장소와 행동과 사람들 사이에 녹아들어 훨씬 더 많은 것을 얻을 수 있다. 솔직히 말해보자. 고대 유적지에서 어떤 조각상이 어떤 신성을 상징하는지를 모른다고 해서 뭐 그리 대단한 문제가 되겠는가? 핵심은 그 조각상을 보고, 그 독특함을 발견하고, 그 조각상의 놀라운 점, 익숙한 점, 접근할 수 없는 점을 직접 느껴보는 데 있지 않겠는가? 그런 느낌은 조각가가 왜 자기 조각상의 팔을 그런 자세로 표현했는지, 머리를 왜 그런 형태로 만들었는지를 설명할 수 있는 것보다 훨씬 더 중요하다.

현명하게 여행하든 바보처럼 여행하든, 문제는 결국 세상과 자신 사이에 지식의 도서관을 두는 것을 현실에 접근하는 가장 기본적인 조건으로 삼느냐, 아니면 이와 정반대로 있는 그대로의 현실에 뛰어들어 그것을 직접 경험하는 것이 핵심적이라고 생각하느냐에 달렸다. 물론 이것은 여행에 관련된 질문이지만 여행을 넘어선 다른 문제들과도 관련이 있다는 것을 당신은 이미 눈치 챘을 것이다.

15. 치즈 냄새 맡기

치즈를 싫어하는 사람들에게 치즈 냄새는 역겹다.

심지어 그 고린내 때문에 코를 막고 헛구역질을 하는 사람도 있다. 실제로 묵직하고 느끼하고 끈끈한 느낌이 드는 치즈 냄새의 철학적 차원을 고려하는 사람은 없다. 단지 그 냄새를 견디거나 견디지 못할 뿐, 이것이 제기하는 문제에 주목하지 않는다. 더 안타까운 일은 치즈 냄새가 문제를 제기한다는 사실을 의식조차 하지 못한다는 것이다.

하지만 치즈가 제기하는 문제는 자명하다. 치즈에서는 어떤 냄새가 날까? 그 냄새는 무엇을 떠올리게 하는가? 직접적으로 무엇이 생각나게 하는가? 이런 물음에 대단한 신비가 숨어 있는 것도 아니고, 대답하기를 주저할 필요도 없다. 치즈 냄새가 환기하는 것은 항문, 성기, 배, 배설물과 성기에서 분비되는 체액이다. 산패한 습기, 부패한 체액, 발효된 동물성을 떠오르게 한다. 고상한 표현으로 돌려 말할 필요도 없고, 대단한 미식가인 척할 필요도 없다. 치즈에서는 똥 냄새가 난다.

바로 여기서부터 성찰을 시작해야 한다. 왜 우리는 모두 속으로 그렇게 생각하고 있으면서도 대놓고 그렇게 말하지 못하고, 또 우리가 그러고 있다는 사실을 인정하지 못하는 것일까? 우리는 식탁을 외양간에서 그토록 멀리 떨어뜨려놓은 것인가? 미식을 원시적인 에로티시즘에서 그토록 엄격하게 구분해놓은 것인가?

치즈의 제조 과정을 알아보자. 그것은 틀림없이 인류 역사에서 가장 이상하고, 가장 야만적이면서도 지혜로운 발명이다. 송아지나 어린 양, 새끼 염소에게서 빼앗은 어미 젖을 새끼의 위를 약탈해 엉기게 하는 것이 치즈의 제조 과정이다. 실제로 치즈를 만들려면 죽은 새끼의 배에서 응유효소를 채취해 그것을 몸 밖에서 섞어 큰 냄비나 발효통 안에서 인공적으로, 유기적으로 소화되게 해야 한다. 이런 짓이야말로 신체를 창의적으로 유린하는 사악한 기술이라고 말하지 않을 수 없다.

치즈는 왜곡되고 통제된 소화 작용, 체액의 비정상적인 속성 작용, 신체와 모성과 생명 유전의 파괴가 만들어낸 결과물이다. 그리고 치즈는 사상 최초로 동물들의 유기적인 삶에 인간의 천재성이 개입해 동물성 영양분과 인간의 계교가 야만스럽고도 세련되게 결합한 결과물이다.

우리는 치즈를 말할 때 이 야만스러운 결합을 상찬할 수밖에 없다. 동물과 짝을 이룬 놀라운 재주, 배설물을 바탕으로 이룩한 맛의 우아함에 경의를 표할 수밖에 없다. 치즈에 깃들어 있는 위대함은 악취마저 길들인 관용, 부패물을 제어해 탄생시킨 품격, 썩고, 상하고, 곰팡이 핀 것을 숭고한 맛으로 승화한 쾌거에 있다.

간단히 말해 치즈는 혐오를 황홀로 바꾸어놓은 연금술의 극치다. 그리고 치즈는 인류의 삶이다. 인류의 가장 오래되고 가장 지속적인 삶의 한 형태다.

16. 이별의 순간 포착하기

인생은 무한히 짧은 순간, 감지하기 어려운 느낌, 미세한 변화로 이뤄진다.

하지만 우리는 이런 사실에 특별히 주목하지 않는다. 의식적이든 무의식적이든 마치 모든 것이 매끄럽게 정돈됐다는 듯이 무심하게 살아간다. 이런 보편적인 무심함을 되돌아보고, 이름 지어 부르기도 애매한 이 작은 변화, 변모에 주의를 기울여보는 것은 나름대로 의미 있는 일이 될 수 있다.

예를 들어보자. 당신은 하루에도 수많은 사람을 스쳐 지나간다. 함께 있던 사람과 몇 초, 몇 분, 혹은 조금 더 긴 시간을 만났다가 헤어질 때 어떤 일이 벌어질까? 대부분 당신은 그 순간을 의식조차 하지 못한다. 아무렇지도 않은 듯이 이렇게 말한다. "안녕!", " 잘 가!", "내일 봅시다!", "잠시 후에 볼까요?", "주말 잘 보내세요!" 그리고 당신은 떠나간다. 상대방도 마찬가지다. 두 사람은 다른 일, 다른 계획, 다른 만남을 향해 서둘러 헤어진다. 이것은 참으로 묘한 순간이지만, 여기에 주목하는 사람은 거의 없다.

당신과 상대방은 둘이 함께 공유하던 시간을 떠나간다. 천천히 여유 있게, 혹은 서두르며 대번에, 단호하게 떠난다. 이런 이별이 반드시 슬프거나, 처절하거나, 괴로운 것은 아니다. 단지 잘 생각해보면 좀 '이상할' 뿐이다.

헤어지는 사람들은 마치 약속이나 한 듯이 각자 다른 곳을 바라보고, 앞으로, 다음 순간으로 나아간다. 그러나 이번만큼은 조금 다르게 헤어져보자. 다시 말해 앞으로, 다른 방향으로 나아가지 말고, 떠나려고 하는 바로 그 시간으로 들어가 이별의 순간이 주는 반향을 느껴보자. 이것이 바로 이 체험의 핵심이다.

이 순간을 과장할 필요도, 비극적으로 생각할 필요도 없다. 버림받는 고통이나 갑자기 찾아오는 외로움으로 절망할 일도 아니다. 일상의 사소하고 무수한 이별에 어떤 단절의 드라마나 끔찍한 슬픔이 깃들어 있을 리 없다. 하지만 우리가 흔히 보여주는 '위장된 무관심'을 한 꺼풀 벗겨보자. 세상에 누구도 '안녕'을 중립적으로, 기계적으로 말할 수는 없다.

그렇다면, 무엇에 주의를 기울여야 할까? 바로 둘, 혹은 여럿이 공유하던 시간에서 혼자만의 시간으로 넘어가는 그 미묘한 과정에 주목해야 한다. 우리는 어떻게 서로 말이 오가던 대화의 세계에서 나 혼자만의 내면적인 독백의 세계로 들어가게 될까? 우리가 이 두 세계 사이에서 자신을 되찾고, 자기 몫의 계산서를 들고 자리에서 일어나 자기의식의 가방을 챙기고 어깨에 메는 바로 그 공간의 경계, 순간적이고 미묘한 그 간극은 어디쯤 위치하고 있을까? 서로 주고받은 이야기, 이어지는 대화, 연결된 여러 국면, 서로 상대에게서 받은 인상이 영향을 미치는 공동의 관계에서 벗어나, 언어도 육체도 다소 독립적인 공간으로 다시 돌아갈 때 우리는 어떤 과정을 거치게 될까?

이 전환의 과정을 정확히 포착하는 작업은 어렵기 그지없다. 그래도 당신이 이 미묘한 작업에 성공한다면, 거기서 무엇을 발견하게 될까? 틀림없이 대수롭지 않은 것이리라. 노 맨스 랜드(No man's land)처럼 텅 빈 그 공간은 이미 다른 사람들과 함께하기를 그쳤으나 아직 당신이 자신에게로 온전히 돌아오지 못한 회색지대일 것이다. 이것도 저것도 아닌 중간 단계, 일종의 중립 지대와 같은 공간. 이제 막 접속이 끊어졌지만, 아직 다른 대상과 연결되기 직전의 상태. 그러나 이 순간, 이 공간은 당신의 인생에서 간단치 않은 의미를 내포하고 있다!

17. 집의 정령 추적하기

한번 둘러보면 누구나 금세 알 수 있다고 믿는다.

몇 시간, 며칠이면 그 집을 모두 이해하고, 모두 보고, 모두 느꼈다고 생각한다. 그러나 이것은 사람들이 흔히 저지르는 착각이다.

집을 제대로 알려면 인내심을 발휘해야 한다. 왜냐면 가장 평범하고 단순해 보이는 집도 세상에 그보다 더 은밀하고, 미묘하며, 교묘한 것은 없기 때문이다. 아무리 작은 집에도 후미진 구석이 있고, 관점에 따라 인상이 달라지며, 대번에 파악할 수 없는 미묘하고 다양한 분위기가 있다. 이 모든 것을 우리는 조금씩, 우연히, 차근차근 파악할 수 있을 뿐이다. 거기에는 어떤 규칙도, 방법도 없다. 단지, 모든 것을 주의 깊게 살펴봐야 할 뿐이다.

예를 들어 집의 모양새가 여름과 겨울에 얼마나 달라지는지, 햇빛이 들 때와 비가 내릴 때 얼마나 다른 느낌이 드는지, 바람이 불거나 불지 않을 때, 정오와 자정에 분위기가 얼마나 달라지는지를 관찰해보자. 모든 집은 그만의 고유한 성질이 있고, 독특한 빛의 리듬이 있으며, 축축함이나 건조함, 바람이 통하는 경로, 숨결, 호흡이 있다. 그리고 그 집만의 냄새도 있다. 건축 자재, 건축 방법, 개폐 상태, 노출 상태, 바닥, 지하에 따라 '체취'도 달라진다. 집이 내는 소리도 제각기 다르고, 고요함, 색조, 농도, 명암, 공간의 흐름도 다르다.

집을 관찰하는 일에 조금 더 시간을 할애한다면, 근본적으로 집이 당신에게 다정한지, 냉정한지, 그리움을 불러일으키는지, 복수를 꾀하고 있는지도 느낌으로 감지할 수 있다. 왜냐면 모든 집은 사람과 마찬가지로 그 나름의 성격을 은밀하게 드러내기 때문이다. 어떤 집은 어리석고, 또 어떤 집은 음흉하다. 어떤 집은 오만하고, 까칠하다. 그러나 대부분 집은 장난기가 있고, 명랑하다. 어쨌든 집을 길들이기는 쉬운 일이 아니다.

이것은 아마도 그 집의 역사 때문인지도 모르겠다. 실제로 어떤 집도 단순히 돌과 나무와 벽돌과 시멘트와 타일과 기와로만 이뤄졌다고 말할 수 없다. 수수께끼처럼 이해하기 어려운 대상인 '집'이라는 건물은 그 집을 건축한 사람의 생각과 이후에 그 집에서 일어난 수많은 사건으로 완성된다. 물론 그 집의 현재 거주자는 그 모든 것의 경위도 원인도 알 수 없지만, 그 조각과 흔적들이 집 안에 늘 떠다니고, 문과 바닥에 엉겨 붙어 있게 마련이다.

그리고 세상의 어떤 집도 완벽하게 닫히거나 밀폐될 수 없다는 점도 잊지 말아야 한다. 집은 수많은 왕래를 통해 무한한 도착과 출발과 경유의 가능성을 내포하고 있다.

잠시만 더, 조금만 더 둘러보면 집이 던지는 핵심적인 수수께끼에 도달하게 된다. 모든 집은 그 안에 살고 있는 사람들을 품고 있고, 그들의 이동 경로뿐 아니라 그들의 기분마저 조절한다. 어찌 보면 사람들이 집에 살고 있는 것이 아니라 집이 그들을 살게 하고 있는 셈이다.

그러니 한 번쯤, 집 밖에서, 멀리서, 오랜 세월이 흐른 뒤에, 당신 내면에 깃들어 있는 집의 정령을 추적해보자. 그리고 집이 당신에게 남긴 흔적과 끈질기게 남아 있는 존재감을 느껴보자. 이제 당신은 그저 한번 둘러봐서는 어떤 집도 제대로 이해할 수 없다는 사실을 깨닫게 됐을 것이다.

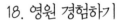
18. 영원 경험하기

사람들은 '영원'이라는 것이 매우 복잡하다고 생각한다.

영혼은 인간이 접근할 수도 없고, 이해할 수도 없으며, 어떻게 해볼 수 없는 것으로 간주한다. 죽은 다음에나 관계 있는 어떤 신비스러운 것으로 믿는다. 신이라는 존재와 관련된 어떤 것, 우리가 체험할 수 없는 것으로 여긴다. 그러나 이것은 잘못된 생각이다. 영원은 알 수 없는 것도 아니고, 또 우리와 그리 먼 것도 아니다.

영원이 무엇인지 알고 싶다면, 기차, 비행기, 배, 대기실에서 시작하는 것으로 충분하다. 출발점은 잠시 당신이 수동적으로 문이 열리기를 기다릴 수밖에 없는 상황에 놓여 있는 상태여야 한다. 그리고 만약 당신이 기다리는 그 순간이 오지 않는다면 어떻게 할 것인지를 상상해보는 것이다. 기차 안에서 흔들리고, 파도에 이리저리 쏠리며, 기계와 엔진이 내는 단조로운 소음에 빠져든 채, 계속되는 여행이나 길어지는 기다림이 주는 가벼운 몽롱함에 취할 때 당신은 문득 이런 의문이 들지도 모른다. "이 여행, 이 기다림이 끝나는 날이 영영 오지 않는다면? 이 멈춰버린 현재의 시간에 영영 남아 있어야 한다면?"

합리적으로 생각할 때 당신은 이 여행도, 이 기다림도 반드시 끝난다는 사실을 알고 있다. 배는 항구로 들어갈 테고, 비행기는 공항에 착륙할 것이며, 기차는 역으로 들어가고, 간호사는 결국 대기실에 있는 당신의 이름을 부르리라는 것을 잘 알고 있다. 하지만 그러리라는 보장은 어디에도 없다. 지금 이 순간이 끝나지 않으리라는 당신의 상상이 잘못됐다고 말해줄 수 있는 사람은 세상에 아무도 없다.

그래서 이 체험은 혼란스러울 수밖에 없다. 당신은 자기 힘으로 이런 순간에서 벗어나는 데 써먹을 수 있는 것이 아무것도 없다는 사실을 필연적으로 자각하게 된다. 실제로 기다림이 끝나는 것은 밖에서, 당신의 의지와는 상관없는 외부의 사건에 의해 이뤄질 뿐이다.

'영원'이란 바로 이런 상태를 말한다. 즉, 어디에서도 절대 끝나지 않는 순간을 말한다. 그것은 시간을 벗어난 총체적인 현실이다. 영원은 끝없이 계속되는 어떤 것이 아니라, 지속 밖에서 존재하는 어떤 것이다. 여행이 영원히 계속되리라는 확신이 있다고 해서 당신이 영원히 사는 것은 물론 아니다. 하지만 당신은 적어도 이 체험을 통해 평소에 보이지 않던 어떤 것을 흘낏 볼 수 있는 작은 창문을 하나 마련한 셈이다.

19. 모르면서 아는 것 찾기

우리는 그것을 배운 적도 없이, 그것을 알고 있다는 사실조차 모르는 채 많은 것을 알고 있다.

예를 들어보자. 당신은 호흡하고, 음식물을 소화하고, 상처를 아물게 하고, 세포를 재생하고, 호르몬을 분비할 줄 안다. 하지만 이런 것들을 할 줄 안다는 사실조차 의식하지 못하고 있다.

이런 주장이 말장난에 불과하다며 인정하지 않는 사람도 있을 것이다. 왜냐면 우리의 의지와 무관하게 스스로 작동하는 몸의 기능이 엄밀히 말해서 '지식'의 영역에 속한다고 말할 수는 없기 때문이다. 실제로 이것은 몸이 자연적으로 타고난 능력이다. 당신은 별 어려움 없이 호흡하고, 소화하고, 상처가 아물게 하지만, 실제로 그런 작용이 어떻게 이뤄지는지는 전혀 모르거나 조금 알고 있을 뿐이다. 당신은 자신이 어떻게 그런 것들을 할 수 있는지를 설명하지 못하고, 이런 '지식'을 남에게 전달하지도 못한다.

그렇다면 우리는 무언가를 배우지 않고도 그것을 알고 있다는 사실을 확인할 수 있다고 결론 내려야 하지 않을까? 이 질문에 대답하려면 우리의 관점을 바꿔놓는 체험을 직접 해보는 것이 좋겠다. 예를 들어 친구들에게 이런 질문을 던져보자.

"네가 사는 아파트 건물에 지하 5층이 있어?"
"이 세상에 800미터가 넘는 나무는 없다는 게 확실해?"
"넌 발가락이 몇 개야?"
그리고 이렇게 덧붙여 물어보자. .
"너희 아파트 건물에 지하 5층이 있다는 걸 네가 어떻게 알지?"
"800미터가 넘는 나무를 직접 본 적이 있어? 자로 직접 재봤어?"
"네 발가락 열 개를 직접 세어본 적이 있어?"
이런 유형의 질문은 얼마든지 계속해서 던져볼 수 있다.

어떤 질문을 하든, 당신은 언제나 같은 결과를 얻는다. 즉, 배우거나, 확인하거나, 점검하지 않고도 많은 것을 알고 있고, 이런 지식은 허무맹랑한 것이 아니라 단지 우리가 의심하지 않고 받아들이는 사실일 뿐이라는 것이다. 아무도 자기가 사는 아파트 건물에 자기가 모르거나 모르고 지나친 지하 5층이 있는지를 알려고 하지 않고, 직접 세어보지 않았지만 자기 발가락이 열 개가 아닐 수도 있다고 생각하지 않는다.

이것은 참으로 묘한 상황이다. 우리는 이런 것들을 한 번도 의심해본 적이 없지만, 직접 확인하거나 점검한 적도 없다. 우리는 이런 지식을 분명히 갖추고 있다고 생각하지만, 엄격히 말해서 '의문을 제기하기 전'에는 그것에 대해 아무것도 모르고 있다. 당신 친구 중에서 누구도 "나는 우리 아파트 건물에 지하 5층이 없다는 것을 알고 있어."라거나 "나는 발가락이 더도 덜도 아니고 딱 열 개 있어."라고 말한 적은 없을 것이다.

당신은 이제 당신 자신도 알지 못한 채 알고 있고, 오로지 '질문을 던졌을 때에만' 드러나는 지식이 있다는 것을 알았을 것이다. 이처럼 우리가 '드러나게' 하기 전에 그 지식은 어디에 있었을까? 아무도 이런 질문을 던져본 적은 없을 것이다.

20. 자기 이름 잊기

자기 이름을 잊어버리는 일은 거의 없다.

누구나 어떤 경우에도 자기 이름만은 기억한다. 심각한 기억상실 증을 앓고 있지 않다면, 그런 일은 일어나지 않는다. 사람들은 큰 충격을 받거나, 심하게 다쳤거나, 극도로 지쳤거나, 의식이 몽롱한 상태에서도 "내 이름은…" 하고 자기 이름을 밝힌다.

하지만 의도적으로 자기 이름을 완전히 잊어버릴 수는 없어도 그런 상황을 상상해볼 수는 있을 것이다. 이 체험의 목표는 그런 시도를 하는 동안에 과연 어떤 일이 벌어지는지를 살펴보는 데 있다. 예를 들어 당신은 갑자기 잊어버린 자기 이름을 되찾지 못할 수도 있다는 생각에 불현 듯 불안감에 사로잡히고 은밀한 당혹감이나 말로 표현할 수 없는 공허감 같은 것이 드는 현상을 확인하게 될지도 모른다. 어쨌든, 한동안 당신의 이름을 전혀 기억할 수 없는 상태가 됐다고 상상해보자.

그럴 때 관공서, 경찰서, 우체국, 세무서, 은행 등에서 성가신 일들이 생길 것이다. 왜냐면 그런 곳에서는 언제나 당신의 신분을 확인하기 때문이다. 이웃 사람들, 예약 담당자들, 고객지원실 접수계원들도 당신을 대할 때 이름부터 물어본다. 그리고 가깝고 먼 친구들 역시 당신이 이름을 기억하지 못한다면 당혹스러워할 것이다. 당신도 그런 사실을 이미 오래전부터 알고 있다. 우리의 사회적 기능에는 —경제적이든 감정적이든, 정치적이든, 개인적이든—기록되고, 기억되고, 정리되고, 공개된 우리의 이름이 필요하다. 당연한 일이다.

문제는 당신이 이름을 '잃어버렸을' 때 당신의 내면에서 무엇이 달라지느냐는 것이다. 자신을 어떤 이름으로 부를 수 없게 됐을 때 그것이 자신의 내면에 어떤 영향을, 어떻게 미칠까? 비록 자기 이름을 기억하지 못해도 자신을 분명히 식별할 수는 있겠지만, 이런 익명성이 자신과 맺고 있는 관계를 불안정하게 하리라는 것은 자명하다. 그러나 그런 불안의 성격이 정확하게 어떤 것인지를 파악하기는 쉽지 않다.

우리가 스스로 자신을 지목할 때 이름이 꼭 필요한 것은 아니다. 그저 '나'라고 부르는 것으로 충분하다. 그런데 우리의 '자아'에 이름을 부여하는 것이 꼭 필요한 일일까? 이것은 매우 혼란스러운 문제다. 왜냐면 이런 문제에 접근할 때 어쩔 수 없이 두 극단 사이를 오가게 되기 때문이다. 즉, 한편으로 각자의 존재는 절대적인 고유성이 있어서 고유한 개인에게는 반드시 고유한 이름이 있어야 하다는 생각과 다른 한편으로 존재는 어느 한 개인에게 국한되지 않는 동일하고 초개인적인 것이므로 이름이라는 것은 일종의 환상에 불과하다는 생각이 대립한다.

게다가 이 두 극단 사이에 무수히 많은 조합과 정도의 차이가 있을 수 있다는 사실은 이 문제를 더욱 복잡하게 만든다. 이것은 그저 '뭐라고 이름 지어 부를 수 없는' 복잡성이라고 말하는 것으로는 해결할 수 없는 문제다.

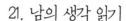
21. 남의 생각 읽기

누구나 한 번쯤은 이런 것을 바랐을 것이다.

상대방이 무언가를 말할 때 ─혹은 어떤 의도를 품고 있는 것처럼 보일 때─ 그의 생각을 막연히 추측하거나, 무조건 믿거나, 혹은 불안해하면서 의심하는 대신에 마치 쓰여 있는 글을 읽듯이 명백하게 읽어내고, 그가 무엇을 원하고, 계획하고, 희망하고, 두려워하는지를 분명하게 알 수 있다면 얼마나 좋을까 하고 바랐던 적이 있을 것이다.

수천 년 전부터 인간은 이런 꿈을 실현하고자 엄청난 노력을 기울였다. 부적, 묘약, 점과 같은 주술의 힘을 빌리기도 했고, 새가 비상하면서 그리는 궤적이나 희생 제물로 바쳐진 동물의 내장을 보고 해답을 찾고자 했으며, 신과 인간의 교차점에 새겨진 운명의 예시적 징후들을 발견하려고 애썼다.

오늘날 사람들은 이런 꿈이 훨씬 더 구체적인 방법으로 실현되리라는 희망에 부풀어 있다. 마이크로칩, 고성능 인체 스캐너, 구글 지도보다 더 정밀하게 제작된 감정 지도 같은 것이 개발돼서 신뢰할 수 있는 수단으로 뇌에 저장된 내용을 읽어낼 수 있으리라 기대하고 있는 것이다. 매스컴에서는 MRI를 이용해서 인체의 모든 정보를 읽어내는 것이 머나먼 미래가 아니라 곧 닥칠 일이라고 연일 떠들어댄다.

그런 날이 온다면, 당신 친구들은 당신이 그들을 배반했는지, 사랑하는지, 질투하는지, 왜 그들을 멀리하는지, 그들을 뭐라고 비난하는지, 어떻게 조종하는지를 모두 알게 될 것이다. 그래도 이것이 희망적인 메시지일까?

그러나 안심하자. 이런 일이 내일 당장 일어나지는 않을 것이다. 아니, 아예 일어나지 않을 수도 있고, 사람들에게 괜히 겁을 주려고 꾸며낸 이야기일 수도 있다. 혹은 더 나빠도 더 효과적인 기술이 개발될 수도 있다는 사실을 잊어버리려고 지어낸 이야기일 수도 있다.

하지만 성급하게 안심해서도 안 된다. 왜냐면 독심술이나 마술이나 오래된 미신만이 아니라 뇌 영상이니 뇌신경학이니 하는 것들을 쓰레기통에 버린다고 모든 문제가 해결되는 것은 아니기 때문이다.

실제로 다른 사람의 생각을 매우 효과적으로 읽을 수 있는 방법은 분명히 있다. 게다가 이 방법은 충분히 신뢰할 만하고 비용도 별로 들지 않는다. 누군가의 머릿속에 무엇이 들어 있는지를 알려면 안을 들여다볼 것이 아니라 밖에서 해답을 찾아야 한다. 즉, 그가 남긴 모든 흔적을 추적하는 것이다. 편지, 일기, 보고서, 논문, 자료집, 노트, 비디오, 사진, 메시지, 인터넷 파일 등 여기저기 흩어져 있는 자료들을 모두 수집하는 것이다.

모든 것이 비밀스럽고, 불투명하고, 닫혀 있는 머릿속, 접근할 수 없는 내면에 들어 있다고 믿기보다는 각자의 생각은 이미 모두 공개돼 있고, 널리 퍼져 있으며, 직접 확인할 수 있다는 사실을 알아야 한다. 이런 자료들을 찾고, 퍼즐 조각들을 끼워 맞추고, 여러 부분을 한데 모으면 상대방 생각의 전체적인 모습이 명료하고 정확하게 완성된다.

물론 당신은 이런 결과에 대해 의심을 품거나 신뢰하기를 망설일지도 모른다. 당연한 일이다. 그럴 때에는 이 가설을 충분히 오랫동안 생각해보고, 유효성을 시험해보고 나서 결론을 내려도 늦지 않다.

22. 영(靈) 만들기

먼저 영은 악마가 아니라는 사실부터 밝히고 이야기를 시작하자.

고대인들에게 영은 인간에게 영감을 불러일으키는 힘, 시인의 뮤즈와 수호천사의 중간쯤 되는 존재, 혹은 기독교적 상상력의 산물이었다. 무엇보다도 고대인들의 영은 명백하게 인식할 수 있는 인격체라기보다는 일종의 힘이었다. 분노를 분출한다든가, 광기를 드러낸다든가, 황당한 행동을 하는 것은 모두 이 영이 조화를 부리는 것으로 믿었다. 그리고 고대인들은 인간이 저지르는 이런 비정상적인 행동을 모두 신들의 소행으로 여겼다.

어쨌든 영은 우리를 꿈꾸게 하고, 결정을 내리게 하고, 인식의 지평을 열어주며, 새로운 계획을 세우게 한다. 그것은 우리 자신이면서 동시에 우리 자신이 아니기도 하다. 그것은 마치 분신처럼, 정신처럼 우리 자신을 드러내게 하지만, 때로 우리 정신을 빼앗고, 정신을 잃게 하고, 때로 존재하거나 부재하며, 예측할 수 없이 신비스러운 것이기도 하다.

영을 만들어낸다는 것은 허구의 인물을 창작하는 것과도 같다. 영은 실제 우리 모습을 닮은 구석도 있고, 우리의 희망이나 두려움, 취향이나 집착으로 살아 숨 쉬지만 독자적이고 독립적인 존재이기도 하다. 영을 우리의 상상이 만들어낸 존재라고 말할 수도 있겠지만, 통제 불가능해 때로 우리를 놀라게 하거나, 경악하게 하는 것도 사실이다.

이 체험은 친구끼리 모여서 각자가 자신의 영을 만들어 서로 소개하고, 묘사하고, 비교해보는 것이다. 그 영이 된 자신이 과거에 저지른 짓이나, 이룩한 업적이나, 꾸몄던 장난 같은 것들의 일화를 친구들에게 들려줄 수 있을 것이다. 그중에는 감동적인 일화도 있고, 또 잔인한 일화도 있을 것이다. 순결한 이야기, 치졸한 이야기를 꾸며낼 수도 있을 것이다. 왜냐면 세상에는 온갖 종류의 영이 존재할 수 있기 때문이다. 어떤 영은 친절하고, 자애롭고, 동정적이고, 다정할 터이고, 또 어떤 영은 살벌하고, 무섭고, 돌발적이고, 부정직하고, 폭력적이며 무슨 짓이든지 저지를 태세가 돼 있을 수도 있다.

하지만 어떤 영도 단 한 가지 성격으로만 정의할 수는 없다. 언제나 이런저런 요소가 섞여 있고, 불안정한 상태에서 계속 변해간다. 갑자기 성별이 바뀐다거나, 외모, 분위기, 성향이 달라질 수도 있다. 당신 자신의 영에는 어떤 특징이 있는지, 어떻게 변덕을 부리고 어떤 모순을 안고 있으며 어떤 이율배반을 감추고 있는지를 잘 살펴보라. 그리고 자신이 만든 영을 더 잘 파악하기 위해 이런저런 것들을 생각하다 보면, 당신이 지금 탐색하고 있는 이 '영'이라는 것이 바로 당신 자신임을 곧 깨닫게 될 것이다.

23. 자기 이름 고르기

일반적으로 자기 이름은 자기가 정하지 않는다.

부모가 지어주거나, 집안에서 물려받거나, 다른 사람이 붙여준다. 즉, 이름은 언제나 자신의 외부에서 부여된다. 자기가 알기도 전에 자기 이름이 정해지고, 자기 마음대로 선택할 수도 없다.

그러나 예외가 전혀 없는 것은 아니다. 새로운 신분으로 살아가거나 살아남아야 하는 도망자, 망명자, 추방자는 스스로 새로운 이름을 정하기도 한다. 작가, 배우, 가수, 화가는 필명이나 예명을 스스로 정해 사용하기도 한다.

하지만 작명에는 제한이 따른다. 너무 튀지 않고, 기억하기 쉽고, 이미 존재하는 다른 이름들과 섞였을 때 쉽게 식별할 수 있고, 또 발음하기에 너무 어렵지 않아야 한다.

자기 이름을 스스로 지을 수 있다면, 당신에게 어울리고, 당신을 닮았으며, 당신을 가장 잘 표현할 수 있는 이름은 어떤 것일까? 이런 질문 자체가 흥미로울 수도 있다. 과연 그런 이름이 세상에 존재할까? 존재하지 않는다면 어떻게 지어야 할까? 하나의 명백한 사실처럼 어느 순간 툭 튀어나올 수 있는 걸까? 아니면 이런저런 이름을 여럿 지어보고 그중에서 하나를 골라야 할까?

결국, 자신을 스스로 이름 지어 부른다는 것은 무엇을 의미할까? 어디엔가 숨어 있던 이름을 여기저기 뒤져서 찾아내는 걸까? 아니면 이렇게 저렇게 머리를 짜내서 만들어내는 걸까? 그 이름이 왜 자신에게 어울릴까? 자신을 가장 잘 드러내려면 어떤 이름을 지어야 할까? 이름이 사람과 완벽하게 일치하게 하는 비결은 무엇일까?

누군가를 언제나 똑같은 이름으로 부른다는 것은 언제나 똑같은 사람이 존재하고, 그에게 변함없이 지속하는 요소가 있다는 환상을 품게 한다. 하지만 결코 그럴 수는 없다. 사람은 나이가 들면서 달라진다. 심지어 매 년, 매 월, 매 시간마다 달라진다. 그렇다면, 이름이 하나의 정체와 일치해야 한다면, 매번, 매 순간 새로운 이름이 필요할 것이다.

이런 점에서 본다면 신분증이라는 것의 존재가치를 의심하지 않을 수 없다.

24. 크루아상 한 개로 여러 개 만들기

우선, 빵집 주인들은 안심하시라.

크루아상 한 개로 여러 개를 만드는 체험의 목적은 빵집 주인들의 매출을 위협하자는 데 있지 않다. 따라서 누군가가 이 책을 읽고 "크루아상을 한 개 샀는데, 열 개가 됐다."고 말하는 사태는 절대 벌어지지 않을 것이다. 왜냐면 이 체험 목적은 기적을 일으키는 데 있는 것도 아니기 때문이다. 또한, 성경이 전하듯이 예수께서 보리떡 다섯 개와 물고기 두 마리로 5천 명을 먹이셨다는 오병이어(五餅二魚)의 일화를 직접 체험해보자는 것도 아니다. 그러니 교회도 안심하시라.

자, 교회와 빵집 주인들이 안심했을 테니 이제 체험을 시작해보자.

독자들은 혹시 빵 한 개 값으로 여러 개의 빵을 얻을 수 없다고 지레짐작하고, 벌써 실망했을지도 모르겠다. 하지만 여러분은 당연히 보상받을 권리가 있다. 그리고 이 꼭지의 제목에는 속임수가 있는 것도 아니고, 또 내가 그런 일을 용납할 리도 없다. 크루아상 하나로 여러 개를 만드는 일이 일어날 것이다. 이제 어떻게 그럴 수 있는지를 알아보는 일만 남았다.

아침 식탁에 커피, 달걀 프라이, 비스코트, 잼, 요구르트가 놓여 있고, 그 옆에는 양쪽 끝이 뿔처럼 튀어 나온 둥근 빵이 구수한 냄새를 풍기고 있다. 얇은 반죽 층이 겹겹이 포개졌고, 흡족한 듯한 자태에 속살이 포동포동하며 방금 화덕에서 나와 여전히 따뜻한 이 빵, 가을 햇살이 내리는 큰 나무 밑에 서 있는 작은 관목 색깔처럼 껍질이 노릇노릇한 이 빵을 프랑스어로 '크루아상'이라고 부른다.

체험의 내용은 아주 간단하다. 바삭거리며 입안에서 녹는 이 빵을 향한 탐미적인 시선이나 본능적인 욕망을 버리고, 전혀 다른 관점에서 바라보는 것이다.

우선 빵집 주인의 관점에서 바라보자. 그는 이 빵에 어떤 밀가루를 썼는지, 어떤 버터나 마가린을 첨가했는지, 소금은 얼마나 넣었으며, 반죽을 어떻게 겹겹이 쌓았는지, 조리 시간은 얼마나 걸렸는지가 궁금할 것이다.

이번에는 의사의 관점에서 바라보자. 크루아상의 열량은 몇 칼로리일까? 당분은 얼마나 포함하고 있으며, 병을 앓고 있는 사람이 소화하기에 문제는 없을까? 의사의 관심은 이런 문제에 쏠려 있을 것이다.

이처럼 일단 관점이 정해지면, 체험은 순탄하게 진행된다. 선택할 수 있는 관점의 수가 한정돼 있지 않으니 오히려 선택의 여지가 너무 많아 당황스러울 것이다. 예를 들어 당신은 물리학자의 관점으로(부피와 무게, 탄성, 저항력 등), 화학자의 관점으로(성분, 분자 구조, 연소점 등), 지배인의 관점으로(배열 위치, 진열 방식, 홍보 방안 등), 관리자의 관점으로(원가, 판매가, 생산성, 재고 관리 등), 화가의 관점으로(색깔, 형태, 질감 등) 크루아상을 바라볼 수 있다. 또한 문학적으로(에밀 졸라, 마르셀 프루스트, 마르그리트 뒤라스), 유럽연합적으로(크루아상과 경쟁하는 추로스[9]와 팬케이크), 기호 논리학적으로(붉은 크루아상, 통통한 크루아상), 구조주의적으로(크루아상과 버터 빵의 관계, 크루아상과 브리오슈의 관계), 또는 형이상학적으로(크루아상이 된다는 것은 무엇인가?) 바라볼 수도 있다.

이처럼 크루아상에 대한 자신의 관점과 친구들의 관점을 비교해 보면, 이 세상 어느 것도 하나의 모습, 하나의 의미만이 있는 것은 아니며, 어떤 사물도 단 하나의 관점만을 허용하는 것은 아니라는 사실을 알게 된다. 따라서 관점을 다각화하고, 세상에는 다양한 모습이 있음을 인정해야 한다. 커피, 달걀 프라이, 비스코트, 잼, 요구르트도 마찬가지다. 우리는 모든 사물을 여러 관점으로 바라볼 수 있다.

9) Churros: 밀가루 반죽을 막대 모양으로 만들어 기름에 튀겨낸 스페인 전통 요리.

물론 이런 일에는 에너지가 필요하다. 그러니 크루아상 한 개를 여러 관점에서 바라봄으로써 여러 개를 만들어낸 당신에게 마지막으로 어떤 관점이 남아 있는지를 내가 굳이 말할 필요는 없을 것이다.

"푸딩은 먹어봐야 맛을 안다"고 청년 엥겔스는 말했다. 아마도 이것이 당신에게 남은 크루아상에 대한 마지막 관점이 아니겠는가.

25. 무한 상상하기

원숭이들에게 무례하게 굴 생각은 전혀 없지만, 지금까지 알려진 바로는 그들이 무한의 문제를 염두에 두는 것 같지는 않다. 짐작컨대, 암소나 고래나 달팽이, 방울새, 풍뎅이는 더더욱 그럴 것이다. 간단히 말해서 특별한 반증이 없는 한, 무한은 오로지 인간의 관심사라는 것이 정설인 듯싶다.

무한의 개념은 가장 초보적인 단계의 수학에서도 제시한다. 그리고 그 정의는 아주 단순해 보인다. '그것 더하기 하나'라는 원칙으로 무한을 나타낼 수 있기 때문이다. 아무리 큰 숫자도 언제나 거기에 하나를 더할 수 있으므로 이런 수의 행렬은 이론적으로 무한히 계속될 수 있다.

이처럼 생각에도 '그것 더하기 하나'의 원칙을 적용해 무한을 상상할 수 있지만, 이미지는 그렇지 못하다. 아무리 애써도 우리는 머릿속에서 무한의 이미지를 그릴 수 없다.

예를 들어 절대로 끝나지 않고 무한히 이어지는 길을 상상해보자. 보행자는 길가의 건물을 지나 다음 건물을 지나고, 그다음에 또 다른 건물을 지나는 식으로 끝없이 '한 건물 더' 지날 수 있을 것이다. 그리고 건물 안에서도 1층을 지나 2층으로, 그리고 2층을 지나 3층으로 올라가 언제나 '한 층 더' 높이 올라갈 수 있을 것이다. 하지만 과연 이런 건물과 이런 계단을 상상할 수 있을까? 우리는 머릿속에서 이런 '무한'의 이미지를 그릴 수 없다. 왜냐면 우리는 피할 수 없이 하나의 끝, 하나의 종말, 하나의 최종 요소를 끌어들여야 하기 때문이다.

우리는 '무한을 상상한다'는 환상을 품고 있지만 실제로 그렇게 할 수 없다. 계속 이어지는 어떤 것은 반드시 멈추는 순간이 있어야 한다. 원하는 만큼 여행을 길게 할 수는 있지만 '무한히' 할 수는 없다. 우리는 언제나 어디론가 가지만, 언제나 더 멀리 갈 수는 없다. 하지만 바로 이런 우려가 우리를 앞으로 나아가게 하는 것도 사실이다.

26. 거짓말 믿기

평소에 우리는 자신이 진실을 말하는지, 혹은 거짓을 말하는지를 분명히 알고 있다.

이 둘 사이의 경계에 모호함이란 있을 수 없고, 어떤 의혹이 들어설 틈도 없다. 나는 이 일을 했다고 분명히 말하고, 그 일을 했음을 명백히 기억한다. 나는 저 일을 했다고 주장하지만, 그 주장이 사실이 아님을 알고 있다. 그런데도 나는 그렇다고 말한다. 그러니까 나는 거짓을 말하고 있는 것이다.

그러나 여기서 거짓말에 대해 우리가 어떻게 생각하는지는 별로 중요하지 않다. 중요한 점은 아무도 거짓과 진실을, 사실과 허구를, 체험과 상상을 절대 혼동하지 않는다는 사실이다.

하지만 예외적인 경우가 있다. 예를 들어 어린 시절에 보았던 어떤 장면을 기억한다고 확신하는 경우가 그렇다. 그런데 사실은 어른들에게서 그 이야기를 수없이 들었기에 마치 자신이 직접 그 장면을 목격한 것처럼 생생하게 기억하고 있을 수도 있다. 정말 그런 일이 정말 일어났던 걸까? 사람들이 말하듯이 실제로 그 일이 일어났고, 나는 그 일이 일어나는 장면을 목격했을까?

안간힘을 쓰며 기억을 더듬어 생각하고 또 생각해봐도 확실하지 않다. 하지만 지금까지 그렇다고 믿어왔고, 한 번도 의문을 제기한 적 없이 너무도 당연한 사실로 인정해오지 않았던가. 심지어 구체적인 디테일, 관련된 사람들의 행동, 현장의 분위기, 배경까지도 생생히 기억하고 있을 정도로 그 일을 사실로 믿지 않았던가.

하지만 이런 기억을 짝퉁 진실이 돼버린 거짓이라고 단정할 수는 없다. 왜냐면 어린 시절 이야기는 비록 그 진실성이 의심스러워도 충분히 사실임직하기 때문이다. 순수한 상상의 산물이라고 말할 수도 없고, 분명한 사실이라고 말할 수도 없다. 실제로 그런 일이 그렇게 일어났을 수도 있고, 아닐 수도 있다. 누군가 내게 그 사실을 늘 그렇게 묘사했기에 그렇게 믿고 있을 뿐이다. 때로 나는 그 일의 사실성을 의심하지만, 그렇다고 이 두 가지 가능성을 혼동하지는 않는다.

이 체험의 핵심은 그 경계를 모호하게 만드는 데 있다. 당신은 어떤 이야기가 사실이 아니라 순수한 허구이고, 사건이 그 이야기가 전하는 것처럼 전개되지도 않았다는 사실도 잘 알고 있다. 하지만 그 이야기를 수없이 되풀이해서 듣고 말하다 보면 그것이 허구라는 확신에 조금씩 의심이 들기 시작하고, 이 시나리오가 내면으로 비집고 들어와 마음을 사로잡는다. 이 체험은 바로 이렇게 시작된다.

그리고 당신이 언젠가 했던 행동이나 느꼈던 감정, 보았던 사물들이 머릿속에서 순전히 허구로 꾸며낸 것들과 뒤섞이면서 사실과 허구 사이의 경계가 무너지고, 당신은 그 사건을 직접 겪었다고 믿을 정도로 확신하게 된다. 다시 말해 다른 일에서 직접 경험했던 사실들을 이 허구의 시나리오에 접목하면 마치 그 사건을 실제로 겪은 것 같은 기분이 들고, 나중에는 그런 확신을 품기에 이른다는 것이다.

일단 그런 확신이 생기면 더 자신 있게, 더 멀리 나아간다. 가본 적이 없는 나라에서 한동안 머물렀다고 믿기도 하고, 거기서 오갔던 장소를 안다고 자신하게 된다. 여행지만이 아니다. 전에 만났던 사람, 읽었던 책, 이룬 성과, 저지른 죄, 다녔던 직장, 단절된 인간관계…. 어떤 허구를 만들어내든 그것을 '거의' 진실로 믿게 된다.

이 '거의'라는 부사가 가리키는 회색지대는 매우 흥미롭다. 당신의 마음 '깊고 깊은 곳'에서는 당신이 그런 나라에 가본 적도 없고, 또 그런 행동을 한 적도 없으며, 그런 업적을 이룬 적도 없음을 잘 알고 있다. 하지만 또 한편으로 당신은 그것이 설령 완벽하게 정확한 사실은 아니라고 할지라도 충분히 그랬을 수도 있다는 사실을 마음 '깊은 곳에서' 믿고 있다. 왜냐면 어떤 의미에서 그것은 분명히 '존재'했기 때문이다. 물론 단조로운 물리적 현실 세계가 아니라 현실과 아주 밀접한 상상의 현실 세계에서 그것은 분명히 존재했다.

게다가 당신이 실제로 했던 어떤 행위와 당신이 상상해 만들어낸 행위를 함께 비교해보면 머릿속에 남아 있는 이미지가 서로 닮았다는 사실을 부정할 수 없을 것이다. 두 행위에 대한 기억도 서로 비슷하고, 이들을 묘사하는 언어도 마찬가지다. 결국 둘 사이의 차이는 극히 미미하다.

물론, 그 차이를 지워버릴 수는 없다. '깊은 곳'과 '깊고 깊은 곳' 사이의 거리, '그것이라고 여기는 것'과 '정확하게 그것임을 아는 것' 사이의 거리는 정신병자가 아닌 다음에야 절대로 부정할 수 없다. 이 둘 사이에는 존재의 영역이 펼쳐져 있다. 다시 말해 어둠과 빛, 선의와 악의, 검증된 사실과 압도적인 꿈이 각기 다양한 비율로 뒤섞여 있는 중간지대가 자리 잡고 있다.

그래서 우리 내면의 저 깊은 곳에서는 우리가 지금 이 삶을 실제로 살고 있는지조차 확신하지 못하고 있는 것이다.

27. 역순으로 식사하기

음식은 모두 준비됐다.

이 음식을 평소와 달리 디저트부터 시작해서 본식을 거쳐 전식으로 끝내도록 역순으로 먹어보자. 뭐, 대수롭지 않은 체험인 것 같고 어리석어 보이기도 하지만, 상당히 교육적이다. 왜냐면 이렇게 식사의 순서를 바꾸는 것만으로도 당신은 예상치 못했던 혼란과 이상한 혐오감, 성찰해볼 만한 놀라움을 피할 수 없이 체험하게 될 것이기 때문이다. 커피 한 잔이야 별것 아니지만, 식사 전에 마신다면? 식사를 시작할 때에 마신다면? 과일은 그렇다 쳐도, 초콜릿 무스, 사과 파이, 플랑¹⁰⁾으로 식사를 시작한다면 얘기는 복잡해진다. 다음 순서로 치즈를 먹고, 이어서 고기나 생선, 채식주의자를 위한 본식으로 넘어가고, 샐러드나 정어리, 멸치로 만든 전채 요리 혹은 테린¹¹⁾으로 식사를 끝낸다.

---

10) flan: 향료를 넣은 크림 과자.

11) terrine: 잘게 썬 고기·생선 등을 그릇에 담아 단단히 다진 뒤, 식혀서 얇게 썰어 내는 전채 요리.

어떤가? 사소한 불쾌감을 제외한다면, 이 일시적인 혼란이 당신에게 무엇을 초래했는가? 여기서 살펴봐야 할 것은 당신이 받은 이상하고 낯설 뿐 아니라 폭력적이고 심지어 상대적인 인상이다. 이 느낌은 우리에게 익숙해진 습관의 힘과 그것이 제2의 본성이 되는 변화에 대해 생각하게 한다.

어디에도 단것을 먹기 전에 짠 것부터 먹어야 한다고 규정해놓지 않았다. 어떤 유전자에도, 어떤 자연 법칙에도 그렇게 정해져 있지 않다. 이것은 순전히 관습이고, 사회적 코드이며, 문화적 특징일 뿐이다. 하지만 이런 생각은 우리 안에 굳건히 자리를 잡고 있어서 우리 미각과 위장에는 너무도 명백한 사실이 됐기에 단것과 짠 것의 순서가 바뀌면 뭔가 잘못됐음을 즉시 깨닫는 것이다.

어느 정도까지 우리는 그렇게 길들어 있을까? 다른 어떤 영역에서도 이 같은 관습이 우리를 지배하고 있을까? 어느 정도까지 우리는 이 틀을 부술 수 있고, 이 제약을 완화할 수 있을까? 그리고 꼭 그래야 할까? 전체적으로 보자면 이것은 해롭고 불리한 조건화일까?

자, 이 모든 질문이 식탁 위에 놓여 있다. 이제 당신이 마음 내키는 대로 순서를 정해 이 질문들에 대답할 차례다.

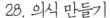

28. 의식 만들기

미사에 싫증을 내는 사람이 점점 많아진다.

가톨릭 예배만이 아니라 의무적으로 치러야 하는 모든 의식, 기념식, 추도식, 규칙으로 정해진 모임 같은 것도 그렇다. 이런 의식의 진행은 아주 세부적인 사항까지도 모두 정해져 있다. 축제 같은 구석이 전혀 없는 축제, 아무것도 기념하지 않는 기념식에 모두들 질렸지만, 어떤 이는 그것을 대놓고 말하고, 어떤 이는 감히 입 밖에 내지 못할 뿐이다.

그러나 비록 작위적이기는 해도 우리 사이에 의식도, 규범도, 유대도 없다면 삶은 그 의미와 상징성으로 볼 때 공허하고 황량한 것이 될 우려가 크다. 같은 집단에 속한 사람들이 공유하는 의미라든가, 그것을 알아보는 사람들만이 이해할 수 있는 의식적인 행동 같은 것이 없다면 세월의 흐름은 무상해지고, 무의미해진다.

그러니 친구끼리 모여 작은 의식을 치러보자. 일시적으로 단지 몇 사람만을 위한 관습을 만들어보자는 것이다. 게다가 이런 의식은 꽤 빈번하게 자발적으로 이뤄지고 있다. 휴가지에서, 생일에, 음식을 먹을 때, 술 마실 때, 어떤 특정한 표현을 할 때 친구나 동료, 가족끼리 의식을 치르듯 그들만이 아는 동작을 하거나 의미를 공유하는 모습을 어렵잖게 볼 수 있다. 작은 집단에서 이뤄지는 이런 사소한 관습에 형식을 부여하고, 체계화해서 실험적인 놀이로 만들어보자. 예를 들어 친구끼리 정해진 날짜에만 만나기로 한다든지, 은밀한 의미가 담긴 동작을 고안한다든지, 남들은 알 수 없이 코드화된 표현을 사용한다든지, 특별한 음식을 만들어보는 것이다.

공적이면서도 사적인, 이중의 의미가 있는 이런 의식적 행위를 한다고 해서 당신 친구들이 사교 집단의 일원이 되거나 신세계의 선구자가 되는 것은 물론 아니다. 하지만 이런 행위들은 모든 의식이 감추고 있는 복합성의 핵심적인 부분을 성찰하게 해준다. 즉, 무엇이 우리를 서로 결속하게 하는지, 그리고 무엇이 타인을 배척하게 하는지를 깨닫게 해준다는 것이다.

잘 생각해보면 이 결속-배척 운동은 무수히 많은 경우에 적용되고 있는 듯하다. 예를 들어 당신이 친구들과 결속돼 있는 것은 모든 사람이 아니라 오직 그들과만 나누고 있는 어떤 것에 전적으로 달린 셈이다. 만약 그렇다면 우정과 보편성의 의미는 어떻게 나뉠까? 그 대답의 하나는 이 질문을 일종의 의식으로 전환하는 것이리라.

29. 전생 꿈꾸기

약간의 시간, 기본 지식, 그리고 무엇보다도 확고한 현실 감각이 있어야 한다.

그러면 당신은 친구들과 전생 놀이를 할 수 있다. 전생 놀이라고 해서 과거에 거듭했던 환생을 모두 복원하라는 것은 아니니 안심하시라. 단지 장소 하나를 선택하고 과거의 어느 시점에 친구들을 거기서 만났다면 그 만남이 어땠을지를 상상해보는 것이다.

그곳에는 어떤 건물들이 있었을까? 지금과 같은 건물들이었을까? 아니면 다른 건물들이었을까? 아무것도 없었을까? 그곳까지 어떤 길로, 어떤 교통수단을 이용해서 어떻게 갔을까? 누가 통지해서 모이게 됐을까? 우리는 어떤 옷을 입었고, 어떻게 서로 알아보았을까? 어떤 식으로 인사를 건넸을까? 가구가 있었다면 어떤 것이었을까? 음료와 음식, 음악은 어떤 것들이었을까? 우리는 어떤 언어로 말했을까? 우리는 무슨 일을 했을까? 우리의 생각, 기분, 감정은 오늘날과 비슷했을까? 많이 달랐을까? 완전히 달랐을까?

선택한 날짜가 너무 먼 과거가 아니라면 대답은 상대적으로 쉽다. 2~3세기 전이라면 관련 정보가 부족하지는 않을 것이다. 역사가가 아니라도 이 시간 여행을 도와줄 지도, 건축 도면, 삽화, 식단 등 온갖 종류의 세부적인 정보를 찾아낼 수 있다. 때로는 기대하지도 않았던 내용을 손에 넣을 수도 있을 것이다.

그러나 르네상스 시대로 거슬러 올라가면 상황이 녹록지 않다. 중세는 더 심하다. 그리스·로마 시대로 시점을 정한다면 자료를 조사하고 정보를 모으는 것만으로 충분치 않다. 상상력만이 구멍을 메워줄 수 있을 것이다. 수백만 년 전 선사시대로 거슬러 올라가면 거의 모든 상황이 허구가 되리라는 것은 두말할 필요도 없다. 이런 허무맹랑한 체험에서 우리는 어떤 교훈을 얻을 수 있을까?

첫째, 역사적으로 볼 때 우리는 상대적인 존재라는 사실을 구체적으로 깨닫게 된다. 즉, 1백 년 전만 해도 우리는 사회적·물리적·정신적으로 오늘날과 같은 형태로 존재하지 않았다. 하물며 천 년이나 만 년을 거슬러 올라가면 지금의 우리와는 아무 상관없는 존재들이 살았을 것이다.

둘째, 우리 무지의 폭이 얼마나 넓은가를 깨닫게 된다. 우리는 지난 몇 세기를 그럭저럭 돌아볼 수 있지만 조금만 더 과거로 거슬러 올라가 고대를 넘어서면 갑자기 짙은 어둠이 내리고 아무것도 보이지 않는다. 하지만 인류는 가장 깊고 가장 탄탄하게 뿌리내린 바로 그곳에서—우리의 공포, 희망, 계교, 약점 따위가 모두 숨어 있는— 발원했다. 하지만 우리는 거기에 대해 거의 아는 바가 없다.

30. 가짜 행사 개최하기

아무도 예상하지 못한 모임을 조직해보자.

소셜 네트워크 덕분에 이제 이런 모임을 계획하기는 그리 어렵지 않지만, 그래도 당신이 생각하는 것만큼 그리 간단하지는 않다. 참을성이 있어야 하고, 행사 소식을 널리 퍼트려줄 꽤 많은 친구가 있어야 하며, 약간의 상상력도 필요하다. 왜냐면 "밸런타인데이 11시 11분에 시청 앞 광장으로 모여라."라고 알린다고 해서 사람들이 순진한 양 떼처럼 우르르 몰려들 리는 없기 때문이다.

이런 진짜 모임에는 사람들이 납득할 만한 가짜 명분을 내세워야 한다. 예를 들어 밸런타인데이 11시 11분에 만난 남녀의 사랑은 반드시 이뤄진다든가, 남녀를 몰래 혼인시켜주다가 적발돼 사형 당한 로마 시대 밸런타인 신부를 추모한다는 등 명분을 내세우는 것이다. 사람들을 오게 할 수만 있다면 어떤 명분이든 좋다.

그리고 사람이 얼마나 모일지 예측해보자. 수천 명이 모여 방송에도 나오는 큰 사건이 되기를 바라는가? 아니면 그저 아는 사람들 몇 명만 모이는 조촐한 사건이 되기를 원하는가? 거기에도 살펴봐야 할 점들이 있다. 당신의 취향만을 고려할 것이 아니라 당신의 여유 시간, 경제 사정, 절대적으로 필요한 안전 문제도 따져봐야 한다.

장소가 평범할수록 창의력을 발휘해야 한다. 시내 중심가 광장이나 유명한 건물, 언론에 자주 소개되는 명소에 마음이 끌릴 수도 있지만, 아무 특징도 없고 별로 알려지지도 않은 후미진 골목이나 로터리, 외진 교차로에 있는 공중전화부스 앞에서 행사를 진행할 수도 있다. 그럴 때에는 특히 진입로나 교통수단에 주의해야 한다. 아울러 날짜, 시간, 특별히 취해야 할 조처도 고려할 필요가 있다.

만약 이 모임이 성공한다면, 이 성공은 당신이 촬영한 비디오로 오래오래 남을 것이다. 그리고 당신이 늙고 쇠약해지고, 행여 당신의 삶이 헛된 것이었고 이 세상에서 당신의 존재가 아무짝에도 쓸모없었다는 쓰라린 감회에 사로잡힐 때 당신은 이렇게 말할 수 있을 것이다.

"그래도 난 한창때 이런 일을 벌였지."

훗날 이 체험이 당신에게 위로가 될지 아니면 괴로움이 될지, 그 해답은 열린 채로 남아 있을 것이다.

31. 공기 속에 잠기기

　당신은 공기 속에 있다.

　첫 숨결부터 마지막 숨결까지, 당신은 어쩔 수 없이 공기 속에서 살아가는 존재다. 중단할 수도, 피할 수도 없다. 몇 초만 숨을 멈춰도 힘들어진다. 공기 없이 몇 분만 지나도 목숨을 잃는다.

　우리는 공기 '속'에, 특히 공기와 '함께' 살아가야 하는 존재다. 숨 쉬지 않는 시체는 공기에 '싸여 있을' 뿐이다. 공기는 우리의 집이고, 기본적이고 영원한 양식이며, 우리가 생명과 맺고 있는 지속적인 관계다. 누구나 이런 사실을 알고 있지만, 모두 잊고 산다. 당신이나 나나 마찬가지다.

　실제로 우리는 공기를 거의 생각하지 않는다. 계획, 감정, 계산, 야망, 욕망, 쾌락, 증오, 원한, 인상, 인식, 느낌, 개념 같은 것들에 정신이 팔리고, 습관적인 혼돈과 일상적인 질서에 매몰돼 공기 따위를 생각할 겨를이 없는 것이다. 글쎄, 잠수부, 등산가, 소방관, 냉방장치 설치 기사, 호흡기 질환을 앓는 환자들이나 공기를 진지하게 생각할지 모르겠다.

하지만 우리가 무엇으로 살아가는지, 어떻게 삶을 지탱하는지를 모른다는 것은 큰 잘못이다. 우리가 세상과 맺고 있는 관계, 우리 자신이나 다른 사람들과 맺고 있는 관계가 달라지기를 바란다면 잠깐이라도 —늘 그럴 수 있다면 더 좋겠지만— 공기의 존재를 떠올리는 것만으로도 충분하다. 공기를 생각하는 것만으로도 좋은 출발점이 될 수 있다.

공기 속으로 뛰어든다고 상상해보자. 비행기에서 뛰어내려 갑자기 열대 우림이나 북극의 빙산으로 들어간다고, 겨울날 수영장에서 갑자기 밖으로 나온다고, 제재소에, 곡식 창고에, 향수 가게에, 아라비아 시장에, 식료품 가게에, 꽃집에 들어섰다고 상상해보자. 어떤 느낌이 들까? 당신에게 와 닿는 공기는 매번 다르게, 감미롭기도 하고, 톡 쏘기도 하고, 갑갑하기도 하고, 가볍거나 무겁기도 하고, 신선하기도 하다.

하지만 이것은 일시적인 체험이며, 공기의 어떤 특징이 갑자기 부각돼 대조적으로 느껴지는 현상일 뿐이다. 이보다는 지속적으로 공기에 주의를 기울이는 길을 찾아야 한다. 공기가 거기 있음을 알려고 냄새나 온도나 바람에 현혹될 필요는 없다. 우리가 공기에 지속적으로 의존하고, 연결돼 있으며, 그 무한한 혜택 덕분에 살아가고 있음을 느끼려면 호흡에서 어떤 근본적인 항상성을 되찾아야 한다. 우리 몸 안을 끊임없이 드나들면서 은밀하게 우리를 지탱해주는 공기의 실체를 분명히 느끼고 나면, 우리는 이전과 달리 그 존재를 함부로 잊어버릴 수 없게 된다. 그리고 아무 두려움 없이 공기 속을 떠다닐 수 있다. 실제로 공기에 빠져 죽은 사람은 없다.

공기의 존재를 잊지 말고, 당신이 있은 없든, 무심하지만 필수적으로, 미묘하고 무한하게, 끊임없이, 끈질기게, 유연하게, 자동적으로 우리와 공기 사이에 이뤄지는 교환에 되도록 가까이 있으면서 이 원초적인 명백성을 되찾아야 한다. 우리 한 사람 한 사람은 '인류'라는 종으로서 물에서 나와 공기 속으로 들어온 존재들이다. 인간이 숨을 시작한 순간부터 지구의 대기는 인류의 태반이 됐다. 우리는 이 엄연한 사실에 어떠한 영향력도 행사할 수 없다. 어찌 보면 차라리 잘된 일이다. 왜냐면 진정한 어려움은 행동하지 않는 데 있다. 모든 것을 놓아버리고 내버려둬야 한다.

엄밀히 말해 아무도 숨 쉬지 않는다. 무엇이든 통제하려 드는 것은 쓸모없는 짓이며, 제어하려 드는 것은 월권행위다. 우리가 조작하기를 멈출 때 모든 것이 시작된다. 집착하거나 조바심해서는 안 된다.

숨은 저절로 쉬어지는 것이다. 그저 공기와 함께하는 것만으로 충분하다. 아무것도 하지 않는 것이 가장 좋다. 단순한 것이 항상 어려운 법이다. 완벽하게 평범한 것이야말로 세상에서 가장 드문 것이다. 늘 똑같은 세상이지만 아주 조금씩 다를 뿐이다. 그래서 모든 것이 다른 것이다.

32. 모국어 잊기

물론 그럴 수 없다.

어쨌든 완벽하게 잊을 수는 없다. 모국어를 잊기는 불가능하다. 우리의 사유를 조직하고, 욕구를 전달하는 언어, 우리가 사는 세상을 구성하고, 다른 사람들과 사물들, 우리 자신과 맺고 있는 관계를 구성하는 언어를 잊어버릴 수는 없다. 그것은 사유하지 않는다는 말과 다름없다. 그래도 시도해볼 수는 있다. 적어도 한 걸음, 어쩌면 두세 걸음쯤 이런 방향으로 내디뎌볼 수 있다.

친구들이 뭔가를 말하면 소리에만 귀를 기울이자. 의미도 단어도 생각하지 말고, 개념은 완전히 무시하자. 그의 입에서 나오는 소리, '아', '오', '에', '이', '슈', '그', '프', '음'처럼 호흡과 성대와 혀가 만들어내는 묘한 음악 같은 소리만을 듣는다. 마치 아무것도 전달하지 않고, 아무것도 의미하지 않으면서 당신에게서 거리를 두고 떨어져 스스로 작동하는 것처럼 보이는 이 소리의 곡예에만 집중하는 것이다.

그렇다고 착각하지는 말자. 당신은 친구들의 말을 분명히 알아듣고, 그들이 무엇에 대해 말하는지도 명확하게 파악한다. 하지만 달라지는 점은 먼 훗날에 예측하지 못한 상황에서 그런 이해가 사라질 수도 있다고 생각하게 된다는 사실이다.

그 명확한 원인이나 상황은 상상하지 못했지만, 그 결과는 충분히 짐작할 수 있는 어떤 근본적인 혼란이나 변화의 결과로 친구들의 말을 단 한 마디도 이해하지 못하는 날이 올 것이다. 마치 낯선 나라에서 의지할 어떤 기준도 없이 전혀 알아듣지 못하는 대화를 하고 있거나 파악할 수 없는 이상한 의사소통을 하고 있는 것처럼 느껴지는 날이 올 것이다. 그때 당신은 갑자기 그동안 살아온 공간에서 완벽한 이방인이 돼버릴 것이다. 그리고 당신이 단 한 마디도 이해하지 못하는 소리와 리듬과 음색과 운율만이 존재하던 까마득한 옛날, 이 근원적인 시간 속으로 갑자기 던져진 듯한 인상을 받을 것이다.

다시 말하지만, 그것은 경계이며 지평이다. 우리는 멀리서 그것을 어렴풋이 바라보지만, 그 안으로 들어갈 수는 없다. 하지만 이 먼 경계는 우리가 지금 아무런 노력을 기울이지 않고도 당연하게 이해하는 말들이 그동안 우리가 모르는 사이에 끊임없이 계속했으나 잊고 살아가는 학습의 결과, 우리 내면에 영원히 각인돼 지워지지 않는 모국어가, 부리는 조화라는 사실을 깨닫게 해준다.

33. 나라 세우기

아무리 멀리, 자주 여행해도 우리가 모르는 나라는 여전히 남아 있다. 당신이 모아둔 여행 카탈로그에도 나와 있지 않은 나라가 분명히 있다. 어쩌면 당신은 시간도, 돈도, 가고 싶은 마음도 없어서 그 나라들에 대해 전혀 모르는 채 살다가 죽을 것이다. 하지만 우리는 어떤 미지의 나라를 아주 구체적으로 상상해볼 수 있다.

이 체험은 누구에게도 피해를 주지 않는다. 오히려 남들에게 도움이 될 수도 있다. 왜냐면 상상의 나라에는 실제 나라보다 훨씬 다양한 이점이 있기 때문이다. 그 나라의 지리, 지형, 산맥, 해안선, 강줄기를 당신이 결정할 수 있다. 날씨, 식물, 동물, 광물, 천연자원도 마찬가지다. 그러나 당신 혼자서 나라를 세우겠다고 나서는 것은 그리 유리한 생각이 아니다. 친구들을 참여시키면 훨씬 더 효과적이고 재미있게 이 체험을 진행할 수 있다.

그렇게 친구들과 함께 건국자가 돼 서로 공통점을 찾고, 눈에 보이지 않게 모든 이를 이어주고, 그들에게 토대가 돼줄 나라, 당신들을 닮은 나라를 세워보는 것이다. 이처럼 갑자기 나라를 세우려면 모든 것을 새로 만들어줘야 한다. 언어, 역사, 신화, 축제일, 스포츠, 의례, 풍습, 기념물, 예술가, 작곡가 등 그야말로 처음부터 끝까지 엄청나게 많은 요소들을 새로 정립해야 한다. 그리고 이런 것들을 기준으로 당신들은 곧 어떤 점에서 서로 의기가 투합하고, 무엇 때문에 의견이 갈리고, 공통적으로 어떤 직관이 있는지, 무엇을 서로 이해하지 못하는지를 알게 될 것이다. 물론 각자의 창조적인 재능도 확인하게 될 것이다.

해야 할 일은 끝이 없다. 이 나라의 국가 대표 음식, 숙어적 표현, 성격적 특징, 장인들이 만든 특산품들, 옛날 여행자들이 남긴 여행기, 경제통계학 전문가들의 보고서, 지리학자·고고학자들의 연구서 등 갖춰야 할 것들이 너무도 많다.

당신이 이 나라를 사랑한다면, 매력적이고, 늘 축제 분위기에 싸여 있는 독특한 나라라고 생각한다면, 당연히 요리나 의상, 음악, 춤에 그 모든 것이 가장 단순한 형태로 집결돼 있을 것이다. 준비만 돼있다면 민속적인 노래와 춤을 곁들이고 전통 의상을 차려입고 특산물로만 구성된 축제 메뉴를 맛보는 야회도 얼마든지 기획할 수 있다. 만약 당신들이 서너 무리로 나뉘어 이런 식으로 각각의 나라를 세운다면, 국가 간 축제나 강연회, 전통 음식 시식회, 전통 예술 공연과 같은 문화 교류도 시도해볼 수 있을 것이다.

　이 체험을 통해 당신은 결국 두 가지 중요한 문제에 주목하게 될 것이다. 첫째는 당신이 머릿속에서 세운 나라와 당신이 한 번도 가본 적은 없지만 분명히 존재하는 나라 사이에 과연 명백하고 근본적인 차이가 있느냐 혹은 없느냐는 것이다. 이 문제를 진지하게 성찰하다 보면 결정적이고 확고부동한 답을 찾는 일이 결코 쉽지 않음을 알게 될 것이다. 그리고 이어서 주목해야 할 두 번째 문제는 우리가 실제로 '국가라고 부르는 것들이 사실은 이런 식으로, 또는 이와 매우 비슷한 방식으로 세워진 것은 아닌지를 진지하게 성찰해보는 것이다.

34. 속담 섞기

어떤 언어에나 속담이 백여 개씩은 있다.

속담은 세상에서 가장 공통된 것들 중 하나이다. 괜찮은 속담 모음 집을 하나 구하거나 마음에 드는 속담 사이트를 찾아보자. 그렇게 속 담이 어느 정도 모이면 곧바로 체험을 시작할 수 있다.

이것은 이미 통용되고 있는 속담들의 이런저런 대목을 자르고 붙 여서 새로운 속담을 만들어보는 체험이다. 그렇게 얻은 결과의 예를 몇 가지 들어보자면 바로 이런 것이다. "지렁이도 밟으면 이끼가 끼 지 않는다.", "구르는 돌은 꿈틀한다." 혹은 "핑계 없는 무덤이 천 리 간다." 또는 "세 살 적 버릇이 산으로 간다." "사공이 많으면 솥뚜껑 보 고 놀란다."

이런 시도를 여러 차례 반복하다 보면 때로 멋진 결과를, 때로 시 원찮은 결과를 얻게 될 것이다. 이 놀이는 얼마든지 복잡하게 할 수 도 있고, 서너 가지 속담의 일부를 서로 교환할 수도 있다. 친구들과 경합을 벌일 수도 있고, 시간제한을 두거나 다른 언어를 이용해서 시도해볼 수도 있다.

당신이 이 체험에 재미를 들여 계속한다면 무엇보다도 언어의 의미가 내포한 어떤 속성을 발견하게 될 것이다. 즉, 의미는 결정적으로 부여되거나, 고정되거나, 딱히 어떤 상황이나 경우에만 유효하도록 '지정'되지 않았다는 사실을 깨닫게 될 것이다. 의미는 태어나고, 달라지고, 예측하지 못했던 다양한 요소를 통해 형성된다. 언어의 정해진 형태에 갇혀 있지도 않고, 관례적인 표현에서 결정되고 한정된 상태로만 존재하지도 않는다. 불길에서 튀어 오르는 불똥이나 깨져 부서지는 유리 조각처럼 예측할 수 없고, 비정형적이고, 유동적인 단편들이 즉흥적으로 부딪치면서 생산된다. 의미는 아무것도 미리 예고하지 않으며 통제할 수도 없다.

의미는 틈과 우연에서 태어난다. 어쩌면 우리 인생처럼.

35. 여럿이 침묵하기

누구나 혼자 있을 때에는 침묵한다.

대부분 그렇다. 하지만 어떤 사람들은 혼자 있을 때 '혼잣말'을 하기도 한다. 그런 모습을 남들에게 들켜서 웃음을 사기도 한다. 여럿이 모이면 사람들은 이런저런 이야기를 나누게 된다. 물론 콘서트에 참석하거나 강연을 들을 때에는 예외겠지만.

이 체험의 목표는 여러 명이 모여서 의도적으로 입을 다물고 침묵할 때 어떤 일이 일어나는지를 관찰하는 데 있다. 여럿이 모이면 서로 대화하는 것이 정상적이겠지만 이 체험을 진행하는 중에는 식사할 때나 산책할 때 혹은 술을 마실 때 절대로 말을 해서는 안 된다. 물론 친구들이 사전에 모두 동의해야 하고, 정해진 시간 동안에만 체험을 진행해야 한다. 과연 어떤 상황이 벌어지는지를 지켜보기로 하자.

대체 무엇을 알아보려고 이런 체험을 하는 것일까? 대답은 간단하다. 친구끼리 아무 말도 하지 않고 앉아 있다는 것이 얼마나 이상한

지를 알아보려는 것이다. 즉, 침묵하는 상태에서 상대방이 어떤 의도를 가지고, 어떤 생각을 하고, 무슨 말을 하고 싶어 하는지, 어떤 감정을 품고 있는지, 어떤 반응을 보일지를 추측해보는 것이다. 이것은 시작에 불과하다. 한 걸음 더 나아가 평소와 다른 육체적 반응이나 상호작용에도 주의를 기울여보자. 물론 이런 요소들은 평소에 우리가 뭔가를 말할 때도 작용하지만, 침묵하는 상황에서는 전혀 다른 형태를 띤다. 서서히 드러나기 시작해서 조금씩 자리를 잡는 이런 요소들을 명확하게 묘사하기는 쉽지 않다.

그 자리에 있는 사람들 사이에는 말없이 형성된 관계, 의미의 회로, 발화되는 언어와 무관하게 이뤄지는 의미의 순환 같은 것이 존재한다. 거기서 어떤 현상이 일어나고 있는지를 알려면 많은 시간과 연구와 쓸모 있고 쓸모없는 말들과 침묵과 문장 사이의 왕래가 필요할 것이다.

어쩌면 당신은 이 체험을 영원히 끝내지 못할 것이다. 말과 말의 부재를 접근시키겠다는 이 불가능한 시도가 성공하려면 일생이, 수세기가 걸리고 끝도 없이 많은 이야기가 필요할 것이다. 하지만 여럿이 다 함께 한 번 침묵하는 헤엄을 통해 적어도 그 가능성을 엿볼 수는 있으니 그나마 다행이지 않은가.

36. 동물 되기

"난 캄캄한 어둠 속에서 코를 땅에 박고 앞발로 계속 흙을 파고 있었지. 넓적하고 두툼한 내 앞발에는 힘이 넘쳤어. 내 목에 붙은 이 발은 삽이라고 해도 좋을 만큼 큼지막했지. 이런 발이 달린 덕분에 난 어렵지 않게 땅을 팔 수 있었어. 쉬지 않고 땅을 파도 피로도 느끼지 않은 채 무작정 앞으로 나아갔지. 그렇게 굴은 저절로 척척 만들어졌어. 캄캄한 굴속에서는 아무것도 분간할 수 없으니 난 밤낮으로 계속 파나갔던 거야."

"그렇게 굴을 파는 동안 난 몇 차례나 장애물에 부딪혔어. 바위, 나무뿌리, 커다란 뼈, 파이프 같은 것들을 만나면 방향을 틀었고, 다시 경로를 정하기 전에 한동안 비스듬히 앞으로 나아가기도 했어. 그러다가 가끔 흙더미를 밀어 올리며 지표면을 뚫고 나와 자유롭게 공기를 호흡할 때는 정말 최상의 순간이었지. 최악의 순간은 예상치 못했던 함정에 빠질 때였어. 땅속에는 언제 어디서 왜 나타나는지를 알 수 없는 온갖 함정이 도사리고 있어. 흙에 스며들어 있는 독이며 천

천히 굴속을 채우는 독가스며 갑자기 몸을 두 동강이 낼 수 있는 철제 장치들이 여기저기 널렸으니까. 내가 굴을 파는 동안에도 목숨을 잃은 내 동족이 한둘이 아니야. 멀리서 풍겨오는 다른 냄새에 섞여 그들의 사체 썩는 냄새를 맡은 적도 있어. 그럴 때 난 서둘러 반대 방향으로 힘차게 땅을 팠어."

"그 시절에 나는 두더지였고 이것이 지금 내가 기억하는 전부야."

뭐, 이 정도가 당신이 지어낼 수 있는 과거 동물 시절의 이야기다. 이 체험의 목표는 당신이 동물로 살던 시절을 상상해 그때 겪었던 일들을 회상하고, 친구들이 지어낸 이야기와 비교해보는 데 있다. 고래, 개미핥기, 개미, 부엉이, 지렁이 등 각자 하나의 동물을 선택해서 그런 동물로 살아가는 일상이 어떤 것인지를 말해보는 것이다.

물론 이것은 지어낸 이야기일 뿐이다. 아무도 두더지나 원숭이나 갈매기였던 적이 없었을 뿐 아니라 인간인 우리는 '실제로' 그렇게 사는 것이 어떤 것인지를 짐작조차 할 수 없다. 그러니 동물과 인간 사이를 갈라놓는 이 엄청난 거리를 허물 수 있으리라고 속단하지는 말자. 파리는 우리와 같은 방 안에 있지만 우리가 사는 세상과는 근본적으로 다른 세상에서 살고 있다. 파리는 겹눈으로 세상을 바라보고, 비록 가냘프기는 해도 날개가 달려 허공을 날아다니며, 수명도 인간과 비교할 수 없이 짧다. 당신은 파리가 보거나, 느끼거나, 생각하는 것—만약 파리도 생각할 수 있다고 가정한다면—을 전혀 알 수 없으니 파리가 되는 것이 과연 어떤 것인지도 전혀 알 수 없다.

이 체험의 흥미롭고, 어지럼증이 날 정도로 아찔한 결과는 바로 우리가 사는 이 세상에 무수히 많은 세계가 우글거리며 평행적으로 존재한다는 사실을 깨닫게 된다는 것이다. 이들 세계는 같은 공간에 있지만 서로 아무런 공통점이 없다. 이 방 안에서 날아다니는 파리, 이 양탄자 속에 달라붙어 있는 진드기, 우리 내장에서 기생하는 박테리아, 풀밭 속의 두더지, 숲속의 새들은 각각 근본적으로 독립적이고 서로 무관한 세계에서 살아간다. 이 세계들은 가장 멀리 떨어져 있는 성운과 그 성운에서 살지도 모르는 외계인들만큼이나 서로 다르고, 멀고, 떨어져 있다.

만약 당신이 실제로 어지럼증을 느낀다고 해도 의지할 안전망도 있고, 다시 정신을 차릴 방법도 있다. 파리도, 진드기도, 두더지도 이 세계를 총체적으로 이해하지 않을뿐더러 이 평행적인 세계들이 던지는 수수께끼를 풀려고 하지도 않는다. 하지만 인간인 당신은 그렇게 한다. 당신은 비록 그 내용을 모르더라도 사고를 통해 이들 세계의 총체를 파악하려고 애쓴다.

어쨌든 당신은 그 내용을 상상하고, 그것을 우화나 콩트와 같은 상상의 이야기를 만들 수 있다. 어떤 두더지도 인간의 삶을 상상해서 이야기를 꾸며내지 못한다. 그것은 인간의 가장 친한 친구인 개들조차도 할 수 없는 일이다. 단지 우리가 개가 돼 이야기할 때를 제외하고는 말이다.

37. 접시 시간 여행 보내기

오늘날 우리가 먹는 음식은 부모나 조부모 세대 음식과 많이 다르고, 까마득한 옛 조상이 먹던 음식과는 전혀 다르다.

하지만 그런 사실을 잊어버리고, 우리가 음식을 담아 먹는 접시가 시간을 거슬러 올라가는 상황을 상상해보자. 그럴 때 우리는 적잖이 놀랄 것이다. 이것이 바로 이 체험의 핵심이다.

예를 들어 샐러드와 치즈버거는 요즘 접시에 흔히 담기는 음식이다. 30년 전에는 접시에 감자튀김과 스테이크가 자주 담겼고, 60년 전에는 홍당무와 쇠고기 요리가 그랬다. 1백 년 전 접시에는 강낭콩과 양고기가 자주 담겼다. 그럼, 그 전에는? 루이 14세 시절에는 주로 어떤 음식이 접시에 담겼을까? 중세 때에는? 고대 로마에서는? 접시가 없던 시절에는?

이 체험은 음식의 역사에 관한 필기시험이 아니다. 단지 한 끼 식사를 한다는 이 단순한 행위의 배경에 얼마나 엄청난 다양성이 있는지를 의식하는 계기에 불과하다. 이 시대와 저 시대에, 이 대륙과 저 대륙에서 접시에 담기던 것들 사이에는 아무런 관계가 없다. 식사 도구, 식사 시간, 식사 예절도 다르다. 그러니 중국인들이 젓가락으로 음식을 먹는 이유가 궁금하기보다는 우리가 포크를 발명했다는 사실이 더 놀라울 수도 있다.

이 체험을 통해 당신은 이 땅에서 나고, 이 세상 최초의 시장에서 거래된 음식물로 만든 '최초의 식사'라는 것, 인류 역사에서 자연스럽게 생겨난 '원형적인 음식'이라는 것이 존재하지 않는다는 사실을 깨닫게 될 것이다. 그럴 때 당신은 어떤 아찔한 기분이 들지도 모르겠다. 실제로 우리가 '변질'시킨 것은 아무것도 없다. 우리가 인위적으로 고안해낸 음식들, 우리가 개발한 요리들을 초월해서 우리가 다시 찾아보거나, 다시 발굴할 만한 '자연 그대로의 상태'라고 부를 만한 '원초적 음식'이라는 것은 존재하지 않는다. 내 말에 동의하지 않는 사람은 손 들어보시길.

38. 질문의 정원 가꾸기

우리는 왜 정원을 가꿔야 할까?

왜냐면 잘 가꾸기만 한다면 거기서 온갖 종류의 질문이 무성하게 자라기 때문이다. 에피쿠로스로부터 볼테르를 지나 오늘날에 이르기까지 철학자들은 늘 그런 사실을 잘 알고 있었다.

단지 그들은 이상하거나, 장식적이거나, 생생하거나, 황당하거나, 실속 있는 질문의 결실을 수확하기 위해 정원을 어떻게 손질했는지를 말해주지 않았을 뿐이다. 하지만 어려울 것은 없다. 우리는 그저 정원사가 하는 대로 따라 하기만 하면 된다.

예를 들어 줄기에서 싹을 하나 잘라내어 땅에 묻고 뿌리가 내리기를 기다리듯이 질문을 하나 골라 스스로 뻗어나가게 하는 것보다 쉬운 일은 없다. 여러 가지 철학적 질문 중에서 되도록 증식력이 강한 것('존재의 문제'라든가 '단수와 복수', '시간과 영원' 등)을 선택하자. 그런 다음 이 질문의 싹을 자기가 좋아하는 성질의 토양에 심어놓는다(나는 개인적으로 '파르메니데스', '플라톤과 아리스토텔레스', '플로티노스'를 권한다).
그러면 우리는 '플라톤에게서의 시간'이라든가 '아리스토텔레스에게
서의 존재', '플로티노스에게서의 다수'와 같은 전형적인 수확물을 얻
게 된다. 물론 더 많은 싹을 심고, 더 많은 수확물을 얼마든지 얻을 수
있다.

토양을 바꾸고, 새로운 질문을 던져볼 수도 있다. '도날드덕, 제임
스 조이스에게서 존재의 문제', '스파이더맨, 마르셀 프루스트, 카스
파로프에게서 복수(複數)의 문제', '샌 안토니오와 「스타트렉」에서의
시간의 문제'와 같은 싹을 정원에 심어놓으면 몇 개는 비실비실하겠
지만, 다른 것들은 아름다운 색을 띠거나 넝쿨이 돼 뻗어 나가는 등
놀라운 형태를 보이며 왕성하게 자란다.

그러나 여기서 멈추면 너무 아쉽지 않은가? 휘묻이, 꺾꽂이, 접붙
이기, 다종 교배, 품종 개량 등 다른 여러 종류의 재배도 실험해보자.
그리고 지나친 소심함이나 판에 박힌 신중함, 집착적인 상식 따위의
기생충이 이 새싹들에 달라붙지 않도록 각별히 조심하자. 왜냐면 가
장 예기치 않았던 것에서 가장 흥미로운 것이 태어나기 때문이다. 늘
그러지는 않아도 그럴 때가 있고, 바로 그런 점이 모험의 매력이다.

그럼, 이제 거칠 것 없이 화성인과 대구, 불교와 노르웨이, 자폐증

과 샴페인을 한데 모아보자. 신비적 직관과 지하철, 햄버거와 헌신, 존재론과 상추 쌈 사이의 은밀한 관계를 살펴보자. 객체 없는 주체의 기본적인 성격들을 주저 없이 탐색해보자(주체 없는 객체도 상관없다. 아무도 그 차이를 명확히 모르고, 또 중요하지도 않으니까). 예를 들어 대머리인지 아닌지 알 수 없는 현재 프랑스의 왕이라든가 암말의 둥지나 거북이 털처럼 통통한 하이쿠 같은 것들에 대해 생각해보자는 것이다.

이제 친구끼리 모여 이런 질문들을 서로 던지는 시합도 해보고, 엉뚱한 문제를 제기해보는 모임도 열어보자. 그렇게 헬자포핀 소스에 발효시킨 화두(話頭) 씨앗을 뿌리다 보면 결국 두세 가지 중요한 사유의 실마리를 찾게 될 것이다. 예를 들어 의미는 저절로 생기는 수확물이 아니라 여러 가지 무의미가 만나 생기는 예상치 못한 수확물이라는 것을 알게 될 것이다. 또한 세상에는 진지한 것과 장난스러운 것, 필수적인 것과 하찮은 것들이 동전의 양면처럼 붙어 있듯이 왕과 광대도 서로 떼려야 뗄 수 없는 관계에 있다는 사실을 암시할 것이다. 또 다른 실마리는, 어쩌면 같은 것일지도 모르겠지만, 당신을 과일-영화 과수원에서 멀지 않은 곳에 있는, 풍성한 채소-책 채소밭으로 인도할 것이다.

그러면 마침내 당신은 '약간 얼빠진 사람들'의 모임에 마음껏 드나들며 『이상한 나라의 앨리스』에 나오는 고양이처럼 공연히 히죽히죽

웃는 사람들의 사진도 찍고, 그때까지 아무도 천착하지 않았던 수수 께끼, 예를 들어 "자기 치아를 자기가 깨물 수 있을까?" 따위의 문제 를 푸는 일에 마침내 —결정적으로— 전념할 수 있을 것이다.

바로 이것이 우리가 정원을 가꿔야 하는 이유이며, 우리가 생산하 는 것에 나쁜 의도가 섞이거나 꿈을 죽이는 약이 들어가지 않도록 조 심하고, 사람들이 '현실'이라고 부르는 것을 적당히 고려하도록 조심 해야 하는 이유다.

39. 언어 사이 넘나들기

말라르메는 "언어는 불완전하기에 여러 개가 존재한다."고 말했다. 바벨탑 이후 이와 같은 언어의 복수성은 꾸준히 존재한다. 그렇다고 해서 이것이 언어의 불완전성을 의미하는 것은 아니다. 오히려 많은 사람이 인간 언어의 다양성은 세상이 획일화되고 단조로워지지 않게 해주고, 복수성과 상이성을 통해 더욱 풍부해지게 해주는 일종의 보증이라고 말한다.

상황을 조금 다른 관점에서 접근해보자. 즉, 언어의 복수성에서 비롯한 장점이나 단점을 들먹일 것이 아니라 언어 사이의 경계를 뛰어넘는 체험을 해보자는 것이다. 물론 각기 다른 언어의 '어휘 문제나 언어 사이의 차이는 무시해야 한다.

이 체험의 원칙은 어떤 언어의 단어를 다른 언어의 의미를 통해 이해하는 것이다. 예를 들어 영어의 'true'라는 단어의 의미가 '진실'이라면, 프랑스어에서 이와 비슷하게 발음하는 'trou(구멍)'의 의미 역시 '진실'이라고 가정하는 것이다. 그리고 영어의 'hole'이라는 단어가 '구멍'을 의미한다면, 프랑스어의 'holisme(전체론)'에 '구멍주의'라는 의미가 있다고 가정해보자.

당신은 이것이 발음은 비슷해도 의미는 전혀 다른, 일종의 '동음이의어' 말장난과 관련이 있다는 것을 금세 알아차렸을 것이다. 이 체험에서는 어떤 언어든 상관없이 비슷한 소리를 내는 단어들은 무조건 의미가 같다고 가정한다. 그리고 이 원칙을 확대 적용하는 데 한계를 두지 않는다. 비슷하게 발음하면 무조건 의미가 같은 것으로 간주한다. 이내 확인했겠지만, 이렇게 하면 모든 것이 뒤죽박죽, 엉망이 되고 만다.

이 체험에서 우리가 얻는 교훈은 무엇일까? 언어는 서로 달라야 하고, 서로 거리를 유지해야 한다는 것이다. 그렇지 않으면 모두가 혼란에 빠진다. 이것은 딱히 언어에만 국한된 문제가 아니다. 그래서 가끔 이런 체험을 해보는 것은 사회생활이나 부부생활에도 결코 나쁘지 않다.

40. 금지어 목록 만들기

'네'라고도 '아니오'라고도 대답해서는 안 되는 놀이가 있다.

이 놀이를 좀 더 복잡하게 만들려면 가장 많이 사용하는 몇몇 단어를 쓰지 못하게 하면 된다. 여럿이 참여하면 이런 금지어 목록을 더 길게 만들 수 있다.

예를 들어 단순한 색의 이름을 금지어 목록에 넣으면 '하늘이 파랗다'라든가 '신호등이 빨갛다'라고 말할 수 없을 것이다. 그저 '하늘은 낮에 구름이 없을 때 하늘색이다'라고 말한다든가 '석양에는 장밋빛이 감돈다'라고 말할 수 있을 것이다. 다음으로 색과 관련된 모든 형용사와 부사를 금지해보자. 그러면 어휘력에서 수십 개 단어가 줄어들고 '새빨간 거짓말'이라든가 '파랗게 겁에 질리다'와 같은 표현도 쓰지 못하게 될 것이다.

일단 색을 표현하는 단어를 금지하고 나면 이번에는 맛을 표현하는 단어를 금지해보자. 간단한 일은 아니지만 같은 단어라도 문맥에 따라 달라지는 의미의 경계를 분명히 구분해야 한다. 예를 들어 '좋다'를 맛과 관련된 의미로 "나는 이 음식이 좋아"라고 말할 수는 없지만 사람에 대한 호감의 의미로 "나는 이 남자가 좋아"라고 말할 수 있을 것이다. 물론 이 말을 하는 사람이 식인종이 아니라면 말이다.

이런 체험을 통해 당신은 무엇을 확인할 수 있을까? 색이나 맛과 관련된 어떤 단어도 사용하지 않고서도 세상을 완벽하게 표현하고, 묘사하고 다른 이들에게 자신이 말하고자 하는 바를 이해시키고, 또 그들이 말하는 바를 이해할 수 있다는 사실을 확인할 수 있을까?

이렇게 단어를 계속 배제하다 보면 어디까지 갈 수 있을까? 금지어를 에둘러 가는 표현, 교묘하게 피해가는 표현, 엇비슷한 표현으로 어느 지점까지 의미를 전달할 수 있을까? 우리 어휘목록에서 시간, 공간, 기쁨, 아픔, 진실, 거짓을 나타내는 단어들을 모두 배제하고도 여전히 언어를 사용할 수 있을까?

이 체험으로 우리가 확인할 수 있는 것은 일시적으로, 인위적으로 어떤 단어들을 사용하지 않는다고 해서 그 단어들의 개념마저 파괴되지는 않는다는 사실이다. 다른 표현의 방식이나 수단을 통해 개념은 전체 언어 구조에서 필연적으로 존속한다.

설령 당신이 어휘망의 어떤 부분을 기능하지 못하게 하더라도 언어 체계 자체는 영향을 받지 않는다. 우리가 무슨 짓을 하든지 총체적으로 볼 때 언어 체계는 변함없이 존속한다. 이 체험을 통해 당신은 이 체계가 우리의 결정, 우리의 행위와 무관하게 스스로 작동한다는 사실을 분명히 깨달았을 것이다.

41. 책으로 책 만들기

극히 드문 예외의 경우를 제외하면, 인간이 문자를 사용하기 시작한 이래 모든 작가는 이렇게 작업했다.

즉, 다른 작가들의 글에서 정보와 주제와 문제와 생각 등을 발견하고 거기에 대해 성찰하면서 양분을 얻어 자기 글을 썼다. 이런 상황은 고대와 현대가 다르지 않다. 이것은 표절도 복사도 아니다. 모든 새로운 글은 필연적으로 이전에 쓰였던 글을 소화한 데서 나온다. 어떤 작가도 아무리 작더라도 도서관 없이는 글을 쓸 수 없다.

그렇다면 이제 도서관의 새로운 이용법을 상상해보자. 처음에는 기계적인 동작으로 시작한다. 일단 의미나 근거의 적합성은 신경 쓰지 않는다. 책을 서가에서 한 권, 한 권 꺼내서 미리 정해둔 번호의 쪽에 있는 글의 첫 문장을 모두 베낀다. 예를 들어 서가의 책이 제대로 분류돼 있지 않다면, 각각의 책 32쪽을 열어 샘플을 만든다.

"여름 3개월간 강우량은 매우 적다."(2007년 프랑스산 포도주에 관한 책)

다음 책의 32쪽은 이렇다.

"사랑에 관한 주피터의 강력한 힘은 그가 미소년들에게 관심을 보이지 않았다면 완벽하지 않았을 것이다."(고전 회화에 나타난 신화의 장면들을 다룬 책)

이처럼 책의 첫 문장을 모으는 작업을 원하는 대로 계속할 수 있다. 키케로의 글이 실린 다른 책 32쪽의 첫 문장, "골은 우리의 통치지역을 휩쓴 대화재에 희생되지 않은 유일한 지역이었다."는 20세기 미국 철학자의 책 32쪽의 첫 줄, "그때부터 과학은 이런 진리의 화신이 됐다."로 이어진다. 그렇게 마지막 문장은(원한다면 더 많은 책에서 더 많은 문장을 모아도 괜찮다) 다음과 같은 고대 그리스 역사가의 글로 끝난다.

"이집트의 파피루스에 기록된 몇몇 글이 사막의 건조한 기후 덕분에 습기로 파괴되지 않고 보존됐다."

문장이 많을수록 스스로 자연스럽게 연결되거나, 교묘하게 연결해 일관성이 있거나 전혀 엉뚱한 조합을 여럿 만들어낼 수 있다. 앞서 예로 든 다섯 문장을 가지고도 이런 작업을 해볼 수 있다.

"이집트에서 글이 살아남았던 것은, 그들이 골어를 말했기 때문이다." 혹은 "그들이 골에서 여름에만 살아남았던 것은 비가 오지 않은 덕분이다. 오늘날 과학이 그런 사실을 증명해주고 있지 않은가?"

마치 카드놀이를 하듯이 다양한 조합을 통해 다양한 텍스트를 생산할 수 있다. "주피터는 여름이면 골 지역에서 미소년들을 찾았다."라거나 "과학은 파괴된 파피루스의 사라진 비밀을 발견했다."라는 식의 문장도 새롭게 구성할 수 있다. 여기서 중요한 점은 일관성 있는 결과나 기발한 효과를 만들어내는 것이 아니라, 모든 책은 잠재적이고 창의적인 다른 가능성을 무한히 내포하고 있다는 사실을 발견하는 데 있다.

책들을 종횡으로 서로 연결하고, 관통하고, 결합해 새로운 책을 만들어보자. 몇 권의 책으로 우리는 하나의 도서관을 만들 수 있고, 그 도서관은 무한히 큰 또 다른 도서관을 만들 수 있다. 그리고 이것은 문화의 역사를 이해하는 길이기도 하다.

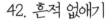

우리는 의식하지 못한 사이에 수많은 흔적을 남기며 살아간다.

종이, 천, 액상 모니터, 포장지, 진열장, 심지어 피부에도 온갖 기호와 도형을 남긴다. 그 많은 흔적 중에서도 특히 우리가 자신에게 그리고 남들에게 남기는 단어와 메모와 메시지의 양은 엄청나다. 직접 쓴 쪽지와 편지, 메일과 블로그와 인터넷 게시판의 글은 물론이고 트위터와 페이스북 등 다양한 SNS에도 쉴 새 없이 흔적을 남긴다. 거의 신경증적으로 증폭되는 이 흔적들의 분출을 잠시라도 멈춰보면 어떨까?

우선 친구들과 글을 주고받지 않기로 약속한다. 전할 내용이 있으면 직접 만나거나 전화로 이야기하자고 제안한다. 흔적을 남기는 문자 메시지도, 음성 사서함도 사용하지 않기로 한다. 그렇게 하루, 이틀, 며칠을 지내고 나서 첫 번째 결과표를 만들어본다. 세상이 조금은 더 유연해지고, 가벼워지고, 매끄러워지지 않았는가? 하지만 이것은 시작에 불과하다.

이 체험의 목적은 단지 문자만이 아니라 모든 흔적을 최대한 지워버린 상태를 느껴보는 데 있다. 당신은 이 체험을 진행하려면 할 일이 엄청나게 많다는 사실을 곧 깨닫게 된다. 집에 있는 책과 신문, 잡지, 카탈로그, 설명서, 계약서, 영수증뿐 아니라 인쇄되거나 손으로 쓴 모든 텍스트를 없애야 하기 때문이다. 모든 종류의 기계와 기구에 새겨지거나 붙어 있는 상표와 설명문도 모두 가려야 한다. 거리의 표지판도, 집마다 붙어 있는 주소판도 가려야 한다. 몸의 문신도, 흉터도, 세월이 몸에 남긴 모든 흔적도 화장으로 덮어야 한다.

TV를 보고, 인터넷 서핑을 할 수는 있겠지만, 아무것도 녹화하거나 저장해서는 안 된다. 이렇게 한동안 살아보거나 이런 삶을 세밀하게 상상해보려고 노력해보자. 그러다 보면 결국 당신과 다른 사람들의 기억, 세상의 모든 기억이 갑자기 발붙일 곳을 잃고 순간의 흐름에 떠밀려 다니는 듯한 인상을 받게 될 것이다.

당연한 일이겠지만, 이런 삶에서는 이미 일어난 일이나 해버린 말, 습득한 지식이나 경험한 사실을 뇌리에 새기고, 그것을 다시 돌아볼 수단도 사라질 것이다. 당연하다. 모든 흔적을 지워버리기로 했기에 당신의 뇌리에 남은 그 모든 것의 흔적마저도 지워야 하기 때문이다.

알다시피, 이것은 실현 불가능한 시도다. 그러나 이런 체험을 통해 당신은 최소한 한 가지 사실을 깨달았을 것이다. 즉, 너무 많은 흔적은 해롭고, 흔적이 너무 쌓이면 삶도 무겁고 거추장스러워지지만, 그렇다고 흔적을 모두 없앤다는 것은 자살 행위나 다름없다는 것이다.

흔적이 없다면 삶도 존재할 수 없다. 그러니 이제부터 두려움 없이 주위 사람들에게 자신의 흔적을 남기자. 단, 삶이 너무 무거워지거나 너무 가벼워지지 않게, 딱 그만큼만.

43. 죽을 운명끼리 서로 포용하기

우리는 일찍부터 알고 있다.

이 삶이 영원하지 않으리라는 것을, 사람들과 함께 나누는 이 현재라는 시간도, 육체의 감각도 언젠가는 사라진다는 것을. 우리는 죽을 것이다. 피할 수 없이, 어떻게 해볼 수 없이, 죽음에 대해 아무것도 모르는 채. 우리는 죽음을 외면하기 위해 얼마나 많은 방법을 고안해냈는지, 죽음에 대해 얼마나 침묵하는지, 얼마나 많은 말을 하고 있는지 상상할 수도 없을뿐더러, 알려고 하지도 않는다.

그러나 어느 조용한 저녁, 오래된 친구들과 함께 앉아 우리가 무엇을 두려워하고, 무엇을 희망하며, 무엇을 여전히 모르고 있는지, 가슴을 열고 이야기해야 한다.

"죽는다는 게 뭘까?"
"아무것도 아니지…."
그러자, 다른 친구가 말한다. "고통스러울 거야."

또 다른 친구가 말한다. "경우에 따라 다르겠지."

옆에 있던 친구가 다정한 목소리로 말한다. "죽어보지 않았으니 알 수 없잖아."

우리는 죽고 나면 무엇이 될까? 육체를 벗어나 어떤 형태로든 남아 있을까? 아니면 완전히 분해돼 사라져버릴까? 아니면 전혀 다른 형태, 다른 존재가 될까? 아무리 박학한 학자라도 이 질문에는 대답할 수 없다. 우리는 이처럼 확실히 알 수 없는 것을 철석같이 믿고 있다. 한 가지 분명히 믿을 수 있는 것은, 그것이 무엇인지도 모르는 채 우리가 모두 그렇게 되리라는 사실뿐이다.

사형수들처럼 모두 함께 갇혀 있다가 한 사람씩 불려 나간다. 그들이 왜 거기에 있고, 왜 사라져야 하는지 누가 알겠는가. 하지만 그들의 공동 운명이 어떤 것인지를, 지금 이 순간 느끼는 따스함이 얼마나 덧없는지를 누가 모르겠는가. 우리의 희망과 두려움, 신념과 불확실성을 이리저리 되새겨보고, 우리가 할 수 있는 일이라고는 지금 이 순간 느끼고 있는 우정의 이름으로 서로를 따뜻하게 포옹하는 것뿐이다.

하지만 조심하라. 이 단순한 동작은 고도의 정확성을 요한다. 아주 작은 허점으로도 이 동작의 의미는 왜곡되고, 과장되고, 감성적으로 변질돼 엉뚱한 멜로드라마가 돼버릴 수도 있다. 무엇보다도 한 사람의 예외도 없이 누구도 구경꾼이 되지 않고, 서로 상대방 안으로 깊숙이 들어가야 한다. 죽을 운명에 놓인 사람들의 포옹에는 구경꾼이 없어야 한다.

정말 예외적인 경우가 아니라면 아이가 막 태어났을 때 이 아이가 올림픽 자유형 200m나 양궁 또는 카약 경기에서 승자가 될지 안 될지를 예상할 수 있게 해주는 것은 아무것도 없다. 물론 신체의 기형이 이런 가능성을 어긋나게 할 수는 있지만 그런 기형이 바로 '예외적인 경우'다.

어쨌든 그렇게 될 가능성이 볼리비아 농부의 아이와 미국이나 중국의 운동선수 집안에서 태어난 아이에게 공평하게 부여될 수 없다는 점을 지적할 수는 있다. 하지만 이것은 통계적인 정보일 뿐이며, 볼리비아 아이가 예외적으로 올림픽 승자가 되거나 운동선수의 자녀가 행정 관료가 되지 말라는 법은 없다.

날이 가고 해가 가면서 이런저런 운명이 선택된다. 어떤 운명은 점점 더 분명해지면서 확고해지고, 또 어떤 운명은 점점 쇠퇴하다가 사라진다. 이처럼 운명이 유동적인 것인 만큼, 당신은 결코 자기 것이 될 수 없는 모든 운명과 아직 가능성의 영역에 남아 있는 운명들의 목록을 만들 수 있다. 물론 시간이 흐를수록 첫 번째 목록은 길어지고, 두 번째 목록은 짧아질 것이다.

하지만 실제로 그런 목록을 작성하는 사람은 없다. 왜냐면 그것이야말로 진짜 시험이기 때문이다. 그러니 시도해보자. 거기에는 당신이 상상하는 것 이상으로 배울 점이 많으니까.

45. 뉴스의 난(欄) 없애기

모든 뉴스에는 난이 있다.

신문이든 라디오든 TV든 인터넷이든 모든 뉴스는 정치, 경제, 사회, 국제, 스포츠, 정보과학, 문화예술 등 기사의 성격에 따라 분류한다. 우리는 이런 관행이 당연하다고 생각해서 특별히 주의를 기울이지 않는다. 이 분류가 적절한 것은 사실이지만, 이렇게 하다 보면 다양한 뉴스 사이에 존재하는 관계에 주목할 기회를 놓치게 되는 것도 사실이다.

따라서 이 체험에서 우리는 여러 종류의 뉴스를 하나의 총체로 간주한다는 원칙을 세우자. 머릿속에 있는 스포츠와 정보과학 사이의 칸막이를 없애자. 실제로 둘은 서로 깊은 관계가 있다. 운동경기와 정치 사이에 있는 벽도 허물자. 이들 사이에도 역시 밀접한 관련이 있다. 경제와 패션, 날씨와 의학, 여행과 선거 사이에도 난으로 구분된 뉴스가 소홀히 하고 드러내지 못하는 관련 사실들이 존재한다. 다양한 뉴스 전체가 다양하면서도 서로 밀접한 관계를 맺고 있는 하나의 흐름을 형성하고 있다고 생각하자. 세상의 모든 양상은 호응하고 대응하게 마련이다.

구체적으로 말하자면 이 체험은 일간지나 주간지 오른쪽 면에 나온 기사와 왼쪽 면에 나온 기사가 어떻게 서로 연결되는지, 기사와 광고, 처음과 끝 사이에 어떤 관련이 있는지를 진지하게 탐색해보는 것이다. 인터넷에서는 기사의 제목, 이미지, 비디오클립이 서로 어떻게 중첩되고 반영하는지를 관찰할 수 있을 것이다.

게임의 규칙은 각각의 내용에 집중하지 않고, 전체를 일견하는 것이다. 쉬운 일은 아니다. 왜냐면 기사 스크랩은 역방향으로 이뤄지는 작업이기 때문이다. 따라서 일단 분리돼 있는 두 요소―제목, 주제, 속보 등―에서 시작해서 둘을 어떻게 연결할 수 있을지를 생각해보자. 이렇게 두 요소를 나란히 놓으면 어떤 생각이 떠오르는가?

오늘 아침 예를 들어보자. 한 면에는 술에 빨리 취하고 싶어 급하게 술을 마시는 청소년들의 수가 불안할 정도로 급증하고 있는데 이런 행동은 혼수상태로 이어질 수 있다는 기사가 나왔다. 맞은편 면에는 컴퓨터가 우리의 사고방식을 변화시키고, SNS와 인터넷이 우리가 시간, 공간, 타인과 맺고 있는 관계를 변질시킨다는 내용의 조사 결과를 소개한 기사가 실렸다.

얼핏 보기에 이 두 면 사이에는 주목할 만한 관계가 없다. 단지 신문의 두 면 사이가 접혀 있고, 한 기사에서 다른 기사로 훌쩍 넘어갔으며, 두 기사 사이에 아무런 관련성이 없다는 사실을 확인할 수 있을 뿐이다. 그러나 바로 이 지점을 파고들어야 한다. 인터넷이나 휴대전화를 사용하는 사람이 늘어난다는 사실과 술에 빨리 취하는 행태가 동시에 유행한다는 사실 사이에는 어떤 관계가 있을까? 하나의 현상이 다른 하나의 현상을 유발한다고 생각하는 것은 어리석다. 하지만 이 두 가지 특징적인 현상이 동시에 주목을 받게 됐다는 사실은 과연 무엇을 의미할까? 같은 시대에 같은 날에 같은 신문에서 그 사실을 언급하고 있는데, 머리가 하나밖에 없는 우리는 이 두 가지 사실이 전혀 무관하다고 말할 수 있을까?

분명히 이 세상에서 일어나는 모든 사건 사이에 엄밀하고 직접적인 관계가 있는 것은 아니다. 전체를 조망하는 시각으로 세상을 바라보고, 사건들 사이의 관련성, 인과성, 인접성을 지나치게 고려하다 보면 모든 것을 기계적으로, 단순하게 바라보게 되는 위험이 있다. 그러다 보면 음모론을 맹신한다든가, 모든 시사적인 사건들의 감춰진 의미를 밝히겠다고 달려든다든가, 세상을 대번에 읽어내겠다고 나서는 등 상식을 벗어난 짓을 벌이게 마련이다.

이 체험의 목적은 모든 것을 통합한다거나 하나의 열쇠로 모든 자물쇠를 열겠다는 식으로 모든 것을 하나의 관점으로 설명하는 데 있는 것이 아니라 평소에 뉴스 난들이 분리해놓은 것들을 한데 모음으로써 더 많은 질문을 던지고, 그것들을 연결하는 지름길을 찾아보고, 놀라고 성찰할 계기를 확대하는 데 있다.

이 체험은 몇 사람이 함께 하면 결과, 가설, 새로운 발견, 난점들을 서로 비교할 수 있기에 더욱 재미있다. 기사들에 대한 해석을 두고 때로는 서로 대립하고, 때로는 동의하고, 때로는 냉정하게 언쟁을 벌이기도 할 것이다. 어떤 결과를 위해서? 물론 지식을 위해서가 아니라 틀림없이 이 시대에 대한, 이 시대의 다양한 의미와 영속적인 번성에 대한 새롭고 놀라운 탐구를 위해서일 것이다.

46. 목록의 힘 발견하기

'목록'이라는 것 자체가 따분하다고 생각할지도 모르겠다.

장보기 목록, 업무 목록, 발송 우편물 목록, 역대 왕들의 목록, 올림 픽 봅슬레이 챔피언 목록에 무슨 재미가 있겠는가. 이것은 단순히 사실의 나열일 뿐이다. 목록은 운명이 아니다.

원칙적으로 목록이라는 것은 엉뚱한 요소를 내포하고 있다. 실제로 우리는 무엇이든 목록으로 만들 수 있다. 길이가 59.3cm인 사물들의 목록, 알파벳 C로 시작하는 채소들의 목록, 1995~2002년 시드니전화번호부에 나온 여성복 재단사들의 목록…. 목록은 턱없이 짧을수도 있고, 끝없이 길 수도 있으며, 모든 것을 망라할 수도 있고, 대략적인 것들만을 모을 수도 있으며, 실용적일 수도 있고, 전혀 쓸모없을 수도 있고, 지극히 평범할 수도 있고, 아주 특이할 수도 있다. 그리고 어느 분야에서나 목록을 만들 수 있다는 점이 목록의 장점이자 핵심이며 흥미로운 측면이다.

거대한 혼돈과도 같은 이 세상에서는 늘 수많은 사건과 사물이 무질서하게 생성되고, 언급되고, 보존되고, 파괴되고 있다. 그것들을 아주 작은 목록으로라도 정리하는 행위는 이 세상에 질서의 원칙을 부여한다는 것을 의미한다. 그 목록이 하찮든, 이상하든, 심지어 교훈적이든, 중요한 점은 그것이 그 나름대로 현실을 구성한다는 사실이다. 예를 들어 '오렌지 1kg, 플레인 요구르트 8개, 비스킷 2갑'이라고 적혀 있는 장보기 목록은 이 세상을 둘로 가른다. 즉, 목록에 있는 대로 '오늘 꼭 사야할 물건들'의 세상과 목록에 포함되지 못한, '무시해도 좋은 나머지' 세상으로 나누는 것이다. 그 나머지 세상에 과일 요구르트가 있든, 모나리자가 있든, 트로브리안드 제도와 안드로메다 성운이 들어 있든 달라질 것은 없다.

더욱 매력적 점은 현기증이 날 만큼 많은 목록을 만들 수 있을 뿐 아니라 그만큼 많은 방식으로 세계를 재구성할 수 있다는 사실이다. 그러나 만약 당신이 시베리아에 압류된 일본도 목록, 태국 출생 영국 리즈 주민 목록, 리히텐슈타인의 고고학 사이트 목록, 오스트리아 무성영화 인기 배우 목록을 만들 계획을 세우고 있다면 200년 전부터 총탄에 맞아 살해당한 군주의 목록이 재구성한 세상은 포기하는 편이 좋을 것이다. 마냥 목록만 만들고 있을 수는 없지 않은가.

또한 목록의 힘은 끝없이 늘어나는 조합에서 나온다. 예를 들어 총탄에 맞아 살해당한 군주의 목록에 독살당하거나, 칼에 찔려 죽거나, 목이 졸려 죽은 군주들의 목록을 통합할 수 있다. 갖가지 목록만큼이나 서로 다른 세상이 존재한다. 무성영화에서도 마찬가지이다. 이탈리아 인기배우, 체코 인기 배우, 또는 포르투갈 인기 배우의 목록을 만들 수 있다. 니더작센의 고고학 사이트, 코르시카 섬의 고고학 사이트, 또는 푸아투의 고고학 사이트 목록을 만들 수도 있고, 한국 태생이나 미얀마 태생이나 레바논 태생의 리즈 주민 목록을 만들 수도 있고, 시베리아 소유의 스위스 나이프 목록을 만들 수도 있다. 목록은 끝이 없다!

그러나 뭐니 뭐니 해도 목록과 관련해 우리가 얻을 수 있는 최고의 만족은 바로 목록들의 목록이란 존재하지 않으며 앞으로도 그런 목록은 절대로 있을 수 없다는 사실을 깨닫는 데 있다. 이런 사실을 발견하고 불안해하는 사람이 있다면, 그는 상태가 심각하다고 봐야 할 것이다.

47. 소음 아래 숨기

창밖에서 들리는 굴착기의 소음이 마치 뇌에 구멍이라도 뚫어놓을 듯한 기세다.

기관총이라도 발사하듯 발작적으로 엄청난 폭발음을 내다가 잠시 멈추는가 싶더니, 드릴은 이제 당신의 고막을 파고든다. 설상가상으로 옆집에서는 초대형 스피커로 귀청이 떨어질 만큼 큰 소리로 쿵쾅거리며 곡을 듣고 있다. 평소에는 움직이지도 않던 당신의 명치 쪽 힘줄이 규칙적으로 경련한다. 마치 집채만 한 파도처럼 밀려오는 소음은 당신을 집어삼켰다가 뱉어놓기를 반복한다.

이번 체험의 목표는 꼼짝도 하지 않고, 다시 말해 장소를 옮기거나 외부의 도움을 받지 않고, 그 소음의 세계를 벗어나는 데 있다. 즉, 당신은 소리가 닿지 않는 곳으로, 소리의 표면 아래로 내려가야 한다. 그곳은 태풍의 눈처럼 적막한 공간이다. 그러나 무엇보다도 이 고요한 지하 동굴이 비록 평소에 눈에 띄지는 않더라도, 잘 보존된 상태로 언제나 거기에 존재하고 있다는 사실을 잊어서는 안 된다. 몹시 듣기 괴로운 소리에 완전히 뒤덮인다는 생각이 든다. 소음이 끝나지 않는 한, 다른 곳으로 가지 않는 한 어떤 휴식도 찾을 수 없으리라는 절망적인 확신이 든다.

그러나 소음은 하나의 표면, 하나의 얇은 막, 접착테이프에 불과하다. 그것의 한쪽 끝을 잡고 떼어내서 그 아래로 미끄러져 들어갈 수 있다. 시도해보자! 약간의 인내심, 운 또는 확신이 있다면 성공할 수 있다. 물론 그렇게 한다고 해서 실제로 소음이 사라진다거나 소음을 듣지 못하게 되리라는 말은 아니다. 하지만 그 공간으로 들어가면 소음 때문에 고통 받는 일은 거의 없을 것이다. 당신은 그렇게 소음 아래에 있는 침묵에서 피신처를 찾게 될 것이다. 그리고 이것은 소음에만 해당하는 해결책은 아니다.

48. 머릿속에서 인간이 만든 것들 지우기

지금 나는 당신의 노트북이나 아이패드, 스마트폰이나 DVD플레이어를 쓰레기통에 던져버리라고 충고하는 게 아니다.

생각으로 체험하는 것으로 충분하다. 하지만 이 체험은 생각보다 그리 쉽지 않다. 왜냐면 우리가 일상적으로 사용하는 기계들을 머릿속에서 하나씩 지워나가는 작업이기 때문이다. 그리고 그런 것들 없는 생활이 어떤 것인지를 상상해보는 체험이다.

전화, 휴대전화, 인터넷 같은 통신 수단을 없애는 데에서부터 시작해보자. 예를 들어 카페나 식당 같은 약속 장소를 정하고 친구들을 만나기로 하려면 어떻게 해야 할지 상상해보자. 그들에게 편지를 쓰려면 종이, 만년필, 봉투, 우표가 있어야 하고 봉한 편지를 우체국이나 우체통에 부쳐야 한다. 그들을 초대하려면 한 사람 한 사람에게 편지를 쓰거나, 쪽지를 전하게 하거나, 직접 찾아가야 한다.

디지털 TV, MP3플레이어, 이어폰, 헤드폰 없이 지내는 상황도 상상해보자. 계속해볼 수 있다면 전자레인지, 식기 세척기, 세탁기 같은 가전제품들도 계속해서 머릿속에서 지워보고, 한 번 더 수고해서 자동차를 마차로 대체시켜보자. 그 정도면 충분할 것이다.

그런 다음, 달라진 세상에서 보내는 당신의 일상은 과연 어떻게 달라졌는지를 시간 단위로 차근차근 관찰해보자. 그렇다고 이전보다 더 좋아졌는지, 더 나빠졌는지를 따져보라는 게 아니다. 이 체험의 목적은 단지 우리에게 너무도 자연스럽게 보이는 이 세상이 얼마나 인위적인 바탕 위에 세워졌는가를 자각하는 데 있다. 관건은 기계들만이 아니라 인간의 손으로 만든 모든 것을 배제하는 일이 어디까지 가능한가를 알아보는 것이다. 집을 버리면? 옷을 버리면? 그렇게 버리고 버리다 보면 무엇이 남는가? 서로 소통하기 위한 언어만 남을까? 언어 역시 인간이 만든 것이 아니던가?

한 걸음 더 나아가 당신은 '자연스러운 세상'이라는 생각조차 큰 의미가 없다는 사실을 인정하게 될 것이다. 우리에게 무엇이 자연스러운지, 무엇이 자연스럽지 않은지, 무엇이 자연스럽게 됐는지, 또는 무엇이 변함없이 자연스러웠는지를 말할 수 없을 것이다. '자연스러운 세상'을 말하자면 이제는 도구도 집도 옷도 언어도 없는 미개인의 이야기를 꾸며내는 수밖에 없다.

몇 사람이 모여 이 체험을 함께 해보기를 권한다. 이 체험은 머릿속에서 물건을 사라지게 하거나 결과를 추론할 때 서로 돕게 해주고, 모든 사람이 정신적으로 똑같은 방식으로 반응하지 않는다는 사실을 증명해줄 것이다. 그리고 특히 자연, 인간 본성, 인류에 관해 풍부하게 토론할 기회를 제공해줄 것이다. 재미가 무궁무진한 철학적 오락이다.

49. 교통 체증 바라보기

어느 겨울 보름날 저녁, 나는 바라나시에 있었다.

인도에서는 결혼식을 저녁에 치르기에 평소에도 혼을 쏙 빼놓을 정도로 혼잡한 교통 상황은 저녁때만 되면 거의 비현실적인 분위기를 연출했다. 길은 굽이치는 급류로, 교차로는 폭풍 지대로 변했다. 어쩌다가 두 대의 차가 서로 마주쳐 빠져나가지 못하면 지구 어디에서도 볼 수 없는 교통 혼잡과 정체가 순식간에 일어나 자동차들의 행렬이 실타래처럼 엉키면서 난리법석을 피웠다.

다행히도 원숭이들한테 물리지 않고 몇 시간 산책하고 나서 나는 베나레스 힌두 대학에서 19세기 인도에서 제기된 주장들이 유럽에 불러일으킨 희망과 공포를 주제로 강연한 뒤, 인력거를 타고 어딘가를 향해 가고 있었다. 바퀴가 구를 때마다 들썩이는 좁은 좌석에 앉아 균형을 잡으려고 애쓰면서 나는 고단한 삶이 흔적이 그대로 새겨진 인력거꾼의 목덜미를 바라보았다. 그는 나보다 더 늙었고, 더 약했고, 엄청나게 더 궁핍한 것 같았다. 이런 인간 동포를 부려먹고 있다는 사실이 심히 거북했지만 피로에 취한 나는 꼼짝도 할 수 없었다.

예외적인 상황들이 여기서는 일상이었다. 차가운 먼지와 밤안개 사이에서, 클랙슨과 경적과 고함 사이에서, 경유 냄새와 화로의 향냄새와 향신료의 향기 사이에서 철학이 나를 어디로 인도했는지를 생각하면 놀랄 수밖에 없다. 실제로 나는 몇 년 전 헤겔과 쇼펜하우어, 그리고 니체에게서 인도가 어떤 모습으로 나타났는지를 연구하기 시작했고, 그 결과로 이 보름밤 갠지스 강에서 그리 멀지 않은 곳에서 크지도 작지도 않은 인력거를 타고 불안정하게 균형을 잡으려 애쓰면서 거리의 엄청난 혼잡에 갇혀 있는 것이다.

마치 모래알 하나가 온 강물의 흐름을 막듯이 결혼식 행렬이 대로를 가로지르면서 교통은 완전히 마비됐다. 나를 태운 인력거는 짐수레에 치이고, 자동차에 막히고, 열맷 대의 스쿠터와 나란히 섰다가, 삼륜차와 자전거와 함께 얽히고설켜 꼼짝도 못 했다. 세상은 빈틈도 간격도 없이 모든 것이 정지된 상태로 가득 들어차 있었다. 사방에서 매연과 모터 소리와 소음이 진동하고, 거리는 여전히 자동차와 오토바이와 자전거로 꽉 막힌 채 모든 것이 동작을 멈추고 있었다.

이런 소강상태가 한동안 지속했다. 얼마나 더 지속할지 알 수 없었다. 게다가 '얼마나'라니? '무엇'이 '얼마나'라는 말인가? 그러나 비록 계측할 수는 없어도 오토바이와 고물차들의 정글 한가운데에서 부동(不動)의 감정을 체험하기에는 충분했다. 길에서는 아무것도 움직이지 않고 있었다. 번잡 속에서도 수수께끼처럼 마음은 오히려 차분해졌고, 소음 속에서도 침묵은 계속됐다. 이 경이로운 중단 상태는 내게 이름 없는 무엇인가를 깨닫게 해줬다. 이 완벽한 정지 현상은 우리가 흔히 접근할 수 없는 바탕을 갑자기 흘깃 드러내 보여줬다. 그것은 바로 '무'의 세계였다. 무진보, 무목적, 무증명의 세계, 그러나 역시 무근심, 무판단, 무위대의 세계. 세상은 단지 거기, 기다림도, 목적도, 이유도, 시작도 끝도 없이, 그저 거기 있을 뿐이었다. 영원히 똑같은 모습으로.

결혼식 행렬이 지나가자 드디어 간격이 벌어지기 시작했다. 퍼즐 조각들은 다시 조금씩 거리를 찾기 시작했으며 모든 것이 다시 작동하기 시작했다. 그래도 이전 같지는 않았다. 왜냐면 세월이 흘러도 이 체험의 기억은 남고, 누구나 어디서나 이런 체험을 할 수 있다는 확신도 남을 것이기 때문이었다.

그렇게 당신이 상상할 수 있는 최악의 교통 정체에 갇혀 꼼짝도 못하게 된다면, 첫 번째 감정의 층, 예를 들어 짜증, 피로, 지각에 대한 두려움, 폐쇄된 공간에 갇혀 시간을 보내는 지루함 등의 밑을 파고 내려가 거기서 과연 무슨 일이 벌어지고 있는지를 살펴보라. 약간의 운이 따른다면 당신은 혼란스러운 표면 아래 존재하는 요지부동 세계의 무심함을 엿보게 될지도 모른다.

50. 소음 목록 만들기

들리지만, 듣지 않는다.

일상적으로 들리는 소음―점점 더 다양해지고 점점 더 많아지는―은 결국 '무관심'이라는 이상한 영역으로 들어간다. 거기서 소리는 삐 격거리고, 찍찍거리고, 색색거리고, 웅얼웅얼거리고, 찰각찰각거리지만, 마치 존재하지 않는 것처럼 허공에 흩어져 아무에게도 주목받지 못한다.

하지만 소음은 아침부터 밤까지 우리 곁을 떠나지 않는다. 자명종, 라디오, 칫솔, 면도기, 샤워기, 휴대전화, 지하철, 자동차, 승강기, 주차장, 사무실, 학교, 식당, 카페…. 여기저기서 문 여닫는 소리, 온갖 신호음이 울린다.

소음에 주목하려면, 그래서 소음이 얼마나 낯설고, 잡다하고, 압도적인지를 ―때로 얼마나 우리를 안심하게 해주고, 때로 성가시게 하는지를― 알아보는 간단한 방법은 소음의 목록을 만들어보는 것이다. 즉, 아침에 눈을 뜨고 일어나 밤에 눈을 감고 잠들 때까지 들리는 모든 소음을 빠짐없이 적어보는 것이다.

목록은 다음과 같은 종류의 내용을 담고 있을 것이다.

"따르릉, 쏴아, 쉭쉭. 철커덕, 찡찡. 땡땡땡, 딸랑딸랑, 찌잉찌잉, 착착, 팍팍. 찌이잉 찌이잉, 파팍, 비잉, 탁, 파악, 이잉, 피슈, 샤악, 부릉부릉, 붕붕붕, 타타타, 끼익, 펑, 슈웅, 부릉. 척척, 슈우, 끼익."

이것은 그저 하나의 예이지만, 이처럼 그저 소음이 들리는 대로 적을 수도 있고, 나중에 이것이 무슨 소리였는지를 기억할 수 있게 그 소음이 들린 시간과 장소, 상황을 간략하게 기록해둘 수도 있다. 또 온종일 이런 일에 매달릴 수 없다면 그저 한 시간이나 반나절 동안만 이렇게 목록을 작성해도 좋다.

이 체험의 목표는 당신이 사는 세상의 이면에 접근할 길을 찾는 데 있다. 당신은 매일 듣는 이 소음들을 너무도 잘 알고 있지만, 거기에 진정으로 주의를 기울여본 적은 없을 것이다. 소리의 양, 강도, 대조, 반복 횟수 등을 의식한 적도 없을 것이다.

하지만 이 체험을 통해 당신은 그 소음들이 그 나름대로 동질성이나 유사성에 따라 서로 다른 무리를 이루고, 서로 호응하거나 길항하고, 동조하거나 대립한다는 사실을 발견할 수도 있을 것이다. 또한 장소, 시간, 계절에 따라 소리가 어떻게 달라지는지를 살펴볼 수도 있고, 친구들과 함께 각자 선호하는 소리와 혐오하는 소리를 비교해보고, 흔히 들을 수 없는 희귀한 소리에 대해 정보를 교환할 수도 있을 것이다.

무엇보다도 당신은 언젠가 이 소음들이, 이 환기와 경고와 신호가 무엇을 의미하는지를 생각해봐야 할 것이다. 그리고 당신은 침묵의 위치에 대해, 언제 찾아올지 모르는 침묵의 소멸에 대해, 당신을 안심하게 하거나 혹은 죽도록 고통스럽게 하는 침묵의 측면에 대해 생각해봐야 할 것이다. 이번 체험을 통해 당신을 둘러싼 여러 소음을 재발견한 다음의 과제는 바로 그런 것들을 생각하는 일이 될 것이다.

51. 깜짝 선물 선발 대회 열기

이 대회는 몇 주, 길어야 두세 달을 넘겨서는 안 된다.

일 년 중에 자신과 관련 있는 생일, 휴일, 행사가 몰려 있는 기간을 택해서 선발 대회를 연다. 이 기간에 가장 멋진 깜짝 선물을 준비하는 사람이나 팀이 이기는 게임이다. 이렇게 말하면 틀림없이 누군가가 이런 이의를 제기할 것이다.

"깜짝 선물이 준비돼 있다는 사실을 알면, 그건 이미 깜짝 선물이 아니잖아!"

이런 이의는 기각해버린다. 실제로 깜짝 선물은 준비하기 어렵고, 비밀을 지켜야 하고, 애정을 담아 잘 숨겨야 하며, 우정이 깃든 음모를 꾸며야 한다.

게다가 이 체험의 핵심은 놀라움을 복잡하게 하거나 쉽게 하는 데 있지도 않고, 대회에서 이기는 데 있지도 않다. 깜짝 선물로 무엇을 준비할지를 찾아내는 것이 바로 이 체험의 관건이다. 선물들을 준비하고, 비교하고, 대회에 대해 의논하고, 기준을 세우려고 하다 보면 당신은 이 일이 정말로 단순하지 않다는 것을 알게 될 것이다.

이 일은 지극히 미묘하기까지 하다. 왜냐면 최고의 깜짝 선물은 단지 놀라움을 주는 것만이 아니라 친밀함도 보여줘야 하기 때문이다. 깜짝 선물은 놀라움을 줘야 하는 여자나 남자에게 그 선물 자체로 어떤 메시지를 전할 수 있어야 한다. 또 예상치 못하게 갑자기 튀어나와야 하지만 선물을 받는 사람이 기다리고 바라던 것을 충족시켜줘야 한다. 그리고 뜻밖의 물건이지만 친근한 것이어야 한다. 만약 선물이 기쁨을 주고, 약간의 놀라움을 주지만 혼비백산하게 만들지 않는다면 성공이다.

진정한 깜짝 선물, 가장 아름다운 선물은 받는 사람에게 감동을 준다. 왜냐면 그의 마음에 와 닿기 때문이다.

"그런데 내가 이 선물을 원한다는 걸 어떻게 알았지? 네가 그걸 알고 있었다는 걸 난 정말 몰랐어."

이것이 바로 성공한 깜짝 선물이 이끌어낼 수 있는 감사의 표현이다. 이처럼 깜짝 선물은 조사이고, 정보 수집이고, 추리이고, 감성이고, 요령이다. 깜짝 선물을 준비하는 일은 선물 받는 사람의 처지가 돼보고, 그가 실제로 무엇에 기쁨을 느끼는지를 알려는 다정하고 영리한 시도다.

그러나 그 선물이 꼭 우리 마음에 들거나 우리를 기쁘게 해주거나 우리의 취향에 맞아야 하는 것은 아니다. 왜냐면 이 깜짝 선물은 다른 이를 위해 준비하고 다른 이에게 줄 것이기 때문이다. 바로 그런 이유로 아름답고 진정한 깜짝 선물에서는 금전적 가치가 아니라 다정함, 우정, 사랑, 애정이 문제시된다.

깜짝 선물은 반드시 어느 한 사람을 위해 그에게만 적합해야 하며, 어떤 구체적인 상황을 구상하고 준비해야 한다. 그러나 이런 '맞춤식' 선물에는 아무 제한이 없다. 그것을 숫자로 표현하는 기준 따위는 없다. 상대방이 어떻게 느낄지 예민하게 헤아리고, 다정하게 추측하는 마음이 중요할 따름이다.

그래서 깜짝 선물은 실패하거나, 실망시키거나, 기대에 어긋날 위험이 따른다는 점에서 걱정, 기대, 희망의 원천이기도 하다. 선물을 준비하는 사람은 마음을 졸이며 속으로 이렇게 중얼거린다. "이 선물이 그 사람 마음에 들었으면 좋겠는데!"

요컨대 깜짝 선물이 가르쳐주는 더 중요한 것은 우리 사이에서, 가깝고 먼 사이에서, 우정과 선의의 속임수 사이에서 일어나는 놀이다. 그리고 아주 잠시만이라도 대략적으로라도 우리가 다른 사람의 입장이 돼보기 위해 우리 마음을 벗어나는 절대적인 필요다.

대회는 구실이다. 그래서 더욱 진지하게 준비해야 한다.

52. 시간표 바꾸기

일상적으로 같은 시각에 같은 행동을 같은 순서로 반복하는 일들이 있다.

이번 체험은 바로 이런 습관적인 계속성을 흔들어놓는 데 있다. 물론 가능한 범위에서 해야 할 것이다. 저녁에 아이를 학교에 데려가거나, 오후에 출근하거나, 밤에 가게 문을 열 수는 없다. 하지만 자기 나름대로 활동하는 시간대를 바꿔볼 수는 있다. 예를 들어 평소에 자는 시간에 일어난다든가, 한밤중에 출근 준비를 한다든가, 저녁 식사를 아침에 한다는 등의 변화를 시도해볼 수 있을 것이다.

이런 시도를 해서 자신을 괴롭히자는 것이 아니다. 공연히 성가신 일을 만드는 것은 쓸데없는 짓이다. 이 체험의 핵심은 우리가 의식하지 못한 채 정해진 시간에 정해진 대로 반복하는 행동에 변화를 줘서 그 실상을 파악하는 데 있다. 잠깐 사이에, 그야말로 아무것도 아닌 작은 변화로 당신은 안전한 일상에서 이탈했다는 섬뜩한 인상을 받고, 몹시 낯설고 어색한 느낌이 들 것이며, 그동안 자신이 그토록 규칙적인 삶을 살고 있었다는 사실에 놀랄 것이다. 그리고 별 어려움 없이 '정상적인' 일상의 틀로 돌아오면, 그토록 '안정적인' 틀이라는 것은 사실상 '임의적인' 원칙일 뿐이고, 중요한 것은 당신 자신이 거기에 은연중에 부여한 의미와 가치라는 사실을 실감하게 될 것이다.

우리는 이미 알고 있는 것을 배울 뿐이다. 우리 내면에 깊이 자리 잡은 삶의 틀이 지금의 우리가 되게 했다는 사실을 깨달으려고 이런 체험을 하자는 것은 아니다. 우리가 자고, 일어나고, 먹고, 소화하고, 불쾌해하고, 유쾌해하고, 편안해하거나 불편해하는 모든 경험은 습관이 돼 조금씩 우리 내면에 뿌리를 내린다. 물론 우리는 그런 사실을 알고 있지만, 막연히 추상적으로 어렴풋이 알고 있을 뿐이다.

하지만 습관이 돼버린 이 일상의 틀을 약간 흔들어 그런 사실을 직접 체험하고 확인하면 모든 것이 확연히 달라진다. 이 습관의 무게를 구체적으로 의식했기 때문이다. 그다음에는 이것을 그대로 인정할 것인지, 강화할 것인지, 완화할 것인지, 변화시킬 것인지를 결정하는 일이 남을 것이다. 이것은 또 다른 과제의 시작이다.

53 접속 끊기

휴대전화를 끈다.

인터넷을 차단하고, 컴퓨터 모니터를 끄고, 리모컨과 이어폰도 치운다. 모든 접속을 차단한다. 그리고 무엇이 어떻게 달라지는지를 지켜보자. 첫날에는 한 시간, 둘째 날에는 두 시간, 셋째 날에는 세 시간…. 그렇게 한 시간씩 '무접속' 시간대를 늘려가다가 마지막 날에는 온종일 변화를 체험해보자. 어떤 일이 일어나고, 어떤 것이 필요해지는지를 적어보자. 그리고 전에 없던 어떤 일이 생기는지, 전과 무엇이 달라지는지도 적어보자.

그런 상태에서도 전과 똑같은 방식으로 생각하는가? 전과 똑같이 말하고, 쓰고, 숨 쉬고, 먹고, 노래하고, 춤춘다고 확신하는가? 무엇이 달라졌는가? 왜 달라졌는가? 갑작스러운 적막감, 단절감 때문에 답답하고 괴롭다면 그 이유는 무엇인가? 그동안 메일, SNS, 문자 메시지가 무엇을 채워주고 있었는가? 인간의 모든 불행은 방 안에 혼자 있는 법을 모르는 데서 생긴다는 파스칼의 말을 믿는가?

이 체험이 당신에게 불쾌할 이유는 없다. 불쾌하기는커녕, 어쩌면 당신은 동시에 여러 가지 일을 하지 않고, 한 번에 온전히 하나의 일만을 할 때 느끼는 기쁨을 발견하거나 재발견할지도 모른다. 그동안 당신은 몇 가지 일을 요령껏 동시에 하거나, 건성으로 해왔을지도 모른다. 귀에 이어폰을 꽂고 음악을 들으며 책을 읽고, 인터넷 서핑을 하며 서류를 작성하고, 모니터 화면 한구석에 비디오를 재생하면서 문서를 수정하고, 휴대전화로 통화하며 간식을 먹었을지도 모른다.

그러나 이제는 다른 아무것도 하지 말고 요리 하나, 사탕 하나, 과일 하나를 맛보자. 진득하게 앉아서 한참 동안 책만 읽자. 노래를 들을 때에는 노래만 듣자. 청소기를 돌릴 때에는 청소기에만 온 정신을 집중하자. 동작이나 감각, 행동 자체는 중요하지 않다. 단지 한동안 한 가지 일에만 집중하는 것이 중요하다.

당신이 하는 일, 당신이 느끼는 것에 푹 빠져보라. 그저 어떤지 보기 위해서라도 말이다. 그러는 사이에 어떤 생각이 떠오르기도 한다. 그 생각은 생각하는 시간을 위해 따로 남겨두었다가 본격적으로 검토해보자. 혹시 그 생각에 다른 생각이 담겨 있지는 않은가? 두 가지 생각을 서로 맞대보면 습관적으로 세 번째 생각이 떠오르게 마련이다.

그리고 이제 모든 것을 다시 접속하고, 달라진 점들을 살펴보자.

다시 접속하고 보니 삶이 덜 만족스럽다거나 덜 아름답다거나 덜 좋다고 말하려는 것이 아니다. 그런 생각은 어리석고, 과거에 얽매여 있으니 두 배로 어리석다. 이 체험의 목표는 산만한 거짓 삶에서 벗어나 충만한 진짜 삶을 되찾자는 데 있는 것이 아니라 단지 두 가지 서로 다른 삶의 다른 점을 찾아보는 데 있다. 그리고 그것을 느끼고, 성찰하고, 거기서 질문과 결론과 친구들과 함께 나눌 의견을 도출하는 데 있다.

54. 공항에서 사과 찾기

이 체험을 위해 비행기까지 탈 필요는 없다.

내친김에 비행기를 타고 여행을 떠나도 좋겠지만 공항에서 누군가를 배웅하거나 마중하러 가기만 해도 충분히 이 체험을 할 수 있다. 아니면 이 교육적인 체험을 구실로 공항에 놀러 가도 좋다.

공항이라는 기착지, 사람들이 떠나고 돌아오고 교차하는 곳, 최신 기술이 집약된 장소, 시간표에 따라 엄격하게 작동하는 현대적인 이 공간에서 당신이 해야 할 일은 사과를 하나 찾는 것이다. 인류가 채집으로 연명하던 시절에 생존의 수단이 됐던 이 오래된 자연의 날것을 찾아보라는 것이다.

당신은 이 체험이 일종의 스포츠라는 사실을 인정하게 될 것이다. 당신은 공항 직원들이나 안내 담당자들에게 어디서 사과를 구할 수 있을지 물어보지만 아무도 속 시원하게 대답을 들려주지 않는다. 더구나 질문이 너무 뜬금없어서 그들은 대답을 찾기 전에 실없이 웃음만 흘릴지도 모른다. 그들은 공항 카페나 샌드위치 가게에 가보라고 말할지도 모른다. 그러면서도 공항에서는 사과를 팔지 않는다고 말해줄 것이다. 실제로 공항에서 담배, 포도주, 술, 넥타이, 손목시계, 소형 전자제품, 잡지, 향수, 안대, 콘돔 따위는 살 수 있어도 사과는 찾아보기 어렵다.

당신은 이 체험을 더 연장하고, 더 복잡하게 구성하고, 여러 차례 시도하고, 여러 공항을 비교해서 일종의 통계를 내볼 수도 있을 것이다. 그러다 보면 실패율이 매우 높고 과일을 찾는 데 소요되는 시간이 꽤 길다는 사실을 확인하게 될 것이다. 미로 같은 공항 내부를 돌아다니며 설령 어렵사리 사과를 구했다고 해도 사과의 상태가 반드시 좋다고 할 수도 없고, 또 다른 선택의 여지도 없을 것이다.

이 체험을 통해 무엇을 생각해볼 수 있을까? 성찰할 문제들이 적지 않다. 예를 들어 시간이 공간을 변화시키는 그 이상한 방식을 살펴볼 수 있다. 불과 수십 년 전에는 지금 공항이 차지하고 있는 이 자리에서 사람들은 오디와 산딸기를 따고, 자두나무와 복숭아나무를 길렀을지도 모른다. 그리고 그때였다면 사과 한 개를 구하기가 이토록 어렵지는 않았을 것이다. 인간의 역사는 우리를 이렇게 자연으로부터 멀리 떼어놓은 것일까? 기술이 우리에게 준 것과 빼앗아간 것을 생각해볼 수도 있을 것이다. 우리는 이곳 공항에서 하늘을 향해 날아가지만 입에 넣을 사과 하나도 찾을 수가 없다. 이것은 우연일까? 피할 수 없는 일일까? 필연적인 일일까? 우리는 공항과 사과 하나를, 기술과 자연을 양립하게 할 수는 없다는 걸까?

이 모든 질문에 당신은 답을 찾아야 한다. 얼핏 보기에 어려운 숙제 같지만, 공항에서 사과를 찾기보다는 훨씬 쉬울 것이다.

55. 이념 창안하기

누구나 역사에는 픽션이 포함돼 있다는 사실을 인정한다.

그러니 이 점을 이용해 자기 마음대로 역사의 몇 장을 기술하지 못할 일도 없다. 이와 마찬가지로 역사의 흐름이나 가까운 미래에 결정적인 영향을 줄 수 있었거나 그럴 수 있는 어떤 이념이나 운동을 창안해보는 것도 불가능한 일은 아니다. 게다가 내일의 역사를 쓰겠다는데, 이를 금지하고 나설 사람은 아무도 없다.

자, 예를 하나 들어보자.

상황을 자세히 알고 있는 역사가들에 따르면, 모든 것은 21세기 전반부에 시작됐다. 이 시기에는 이미 오래전부터 많은 사람이 요리와 음식의 조화에 관해 거의 모든 것을 이야기했다. 그래서 남아 있는 토론거리라고는 프랑스인들이 어린양 엉덩잇살 요리와 메독 레드와인이 잘 어울리느냐 아니냐를 두고 논쟁하다가 먹살잡이를 한다든가, 스코틀랜드인들이 셰리주와 스틸턴 치즈가 궁합이 좋으냐 나쁘냐를 두고 목에 핏대를 세우는 정도였다. 하지만 핵심적인 문제들은 이미 오래전에 정리됐다. 그러자 몇몇 서적 애호가, 와인 애호가들이 글과 와인 사이의 조화를 연구의 주제로 삼기 시작했다. 그렇게 그들은 곧 이 놀랍고, 다양하고, 포착하기 어려운 분야를 '보편적 조화'라고 서둘러 명명하고 연구에 돌입했다.

이 분야의 초창기 세미나는 플로베르에 미친 몇몇 문학애호가 사이에 이뤄졌다. 그들은 플로베르의 작품『부바르와 페퀴셰』[12]는 떫은맛이 없고, 진하며, 골격이 잘 짜인 레드와인과 잘 어울린다는 주장에 모두 동의했다. 그러나 구체적으로 와인을 선별하는 과정에서 가장 잘 어울리는 레드와인이 코르나스(Cornas)[13]냐, 지공다스(Gigondas)냐, 혹은 마디랑(Madiran)이냐를 두고 논쟁이 벌어졌고, 몇몇 비주류는 방투(Ventoux)를 강력하게 주장하기도 했다. 또 그들은 플로베르의『마담 보바리』는 드라이한 화이트와인과 잘 어울린다고 입을 모았지만, 정작 브랜드를 지목하는 과정에서는 열렬한 쥐랑송(Jurancon) 옹호자들과 이룰레기(Irouleguy) 옹호자들 사이에 심각한 갈등이 빚어지기도 했다. 그러나 어쨌든 간에 이 '조화학'은 바야흐로 잘 알려진 하나의 연구 분야로 정착됐다.

12) Bouvard et Pecuchet: 19세기 프랑스 소설가 귀스타브 플로베르의 1881년 작품으로 파리에서 필경사로 일하며 40대 독신남인 부바르와 페퀴셰가 우연히 만나 파리 생활을 청산하고 시골에 정착해 학문의 세계에 입문하면서 세상의 모든 지식을 습득하려는 노력을 기울인다는 줄거리로 매우 특이한 소설적 형식을 갖추고 있다.
13) Cornas: 프랑스 론(Rhône) 강 우안, 계곡 동쪽 비탈 남향에 있는 코르나스 마을에서 생산된 와인.

초기에 이들은 오로지 문학에만 눈을 돌려, 예를 들어 스탕달은 프로세코(Prosecco Prosecco)[14]와 어울리고, 입센을 슈납스(Shnaps Shnaps)[15] 따위와 연관 지어서는 안 되며, 아라공이 초기에 쓴 글을 읽을 때에는 부지(Bouzy)[16] 레드와인을 곁들이라는 과감한 충고도 서슴지 않았다. 그러다가 이 '와인텍스톨로지(oenotextologie)'는 조금씩 철학의 영역으로 확대됐다.

그래서 이제 그 씁쓸한 뒷맛을 피하기 위해 칸트의 『순수이성비판』을 읽으며 코카콜라를 마시는 일은 지양하게 됐다. 또한 니체를 읽으며 맥주를 마시는 것도 금지했다. 이것은 프루스트를 읽으며 케퍼(Kéfir)[17]를 마시는 것만큼이나 끔찍한 일이기 때문이라는 이유 때문이었다. 어쨌든 이렇게 이 분야는 날로 발전했다.

그러나 사람들은 곧 그 정도 수준에 머물 이유가 없다는 것을 알게 됐다. 책 읽기와 술 마시기 사이의 조화를 탐색하던 사람들은 이제 조금씩 책과 음식, 책과 향수 사이의 조화를 찾게 됐고, 관심은 음악,

---

14) Prosecco: 이탈리아산 스파클링 와인으로 드라이하다. 이름은 트리에스타 근처 마을 '프로세코'라는 지명에서 유래했다. 저렴하게 샴페인을 대체하는 술로 인기를 끌고 있다.

15) Shnaps: 감자나 곡식을 증류해 만든 독일산 독한 술.

16) Bouzy: 프랑스의 마른(Marne) 지역에서 생산되는 와인.

17) Kéfir: 캅카스의 산악 지대에서 자주 마시는 발포성 발효유. 어원은 터키어의 케프(kef: 편안하다)로서 젖당을 발효시키는 효모와 젖산균이 함유된 케퍼 종균에 유즙을 가하면 알코올, 이산화탄소, 젖산이 발생하고 특유한 향미를 낸다.

조명, 의상, 자세 등 다양한 분야로 확대됐다. 이때부터 출발점을 책이 아니라 음악이나 영화, 그림 등으로 삼는 현상도 나타났다.

이런 활동은 몇 년 사이에 그야말로 '폭발적인' 발전을 기록했다. 바그너의 곡을 들을 때 가장 어울리는 헤어스타일은 무엇인가? 스트린드베리의 연극을 관람할 때 가장 어울리는 향수는 무엇인가? 재니스 조플린이나 티나 터너의 공연을 볼 때에는 어떤 옷을 입어야 할까? 바넷 뉴먼[18]이나 마르크 로스코[19]의 전시를 관람한 뒤에는 무엇을 먹어야 할까? 이런 관심에 부응해 드디어 연구소들이 설립되고, 학위 과정도 설치됐다. 그리고 어디에서나 소위 '조화전문가(harmonologue)'라는 사람들을 볼 수 있게 됐다. 그들의 작업은 소믈리에와 향수 전문가와 음악평론가, 문학평론가, 조명 전문가들을 한데 모아놓는 일이었다. 사람들은 '보편적인 조화'라는 것이 가능하다고 믿었고, 어떤 사람들은 심지어 인류가 나아가야 할 방향이 거기에 있다고 믿기도 했다.

그렇게 몇 해가 흐르자, 불행하게도 이 위대한 계획은 유행에서 멀어졌고, 사람들의 관심사에서 사라졌다. 웅대했던 희망도 무너져버

18) Barnett Newman(1905~1970): 미국의 색면추상주의 화가.
19) Mark Rothko(1903~1970): 러시아 출신의 미국 화가. '색면추상'이라 불리는 추상표현주의의 선구자.

렸고, 이들의 역사를 기록해줄 역사가를 기다리는 신세가 됐다.

우리는 지금도 이 운동이 그토록 홀연히 사라진 원인을 찾지 못하고 있다. 그것은 어쩌면 더 큰 맥락에 속하는 작은 고리에 불과했던 것일까? 그 점에 대해 사람들은 지금도 이런저런 의견을 내놓고 있지만, 정말 알 수 없는 일이다. 흠….

56. 말의 함정 찾아내기

우리는 일상에서 흔히 사용하는 이상한 표현들을 별 생각 없이 그대로 빌려 쓰곤 한다.

아픈 기억을 들춰낸다는 뜻으로 '칼로 상처를 후벼판다'는 표현을 쓰지만 아무도 그 칼이 식칼인지, 대검인지, 주머니칼인지를 따지지 않는다. 또 그 상처는 신체 어느 부위에 난 것인지도 묻지 않는다. 엄청난 공포를 느꼈을 때 왜 '시퍼렇게 겁에 질렸다'고 하는지, 몹시 분노했을 때 '불같이 화가 났다'고 하는지 알려고 하지 않는다.

물론 사전이나 언어사, 학술적이면서도 재미있는 저작에서 그에 대한 설명을 찾을 수 있다. 하지만 더 좋은 방법이 있다. 아무것도 찾아보지 않고 혼자 또는 친구 몇 명이 모여 흥미로운 질문을 던져보는 것이다.

예를 들어 무엇으로 의혹을 쓸어버릴 수 있을까? 빗자루로? 옷솔로? 정원에서 쓰는 갈퀴로? 망설임, 논의, 모략, 험담, 비방을 쓸어버리려면 다른 도구들이 필요할까? 아니면 도구 하나만으로 충분할까? 그런 빗자루 또는 빗자루들을 어디서 구할 수 있을까?

이제 기본 원칙은 알았으니 이 체험을 직접 해보는 것은 당신 몫이다. 빗자루만이 아니라 다른 어떤 도구로 슬픔을 씻어낼지, 어떤 지우개로 착각, 후회, 잘못을 지워버릴지도 궁리해보자. 모욕감이나 수치심은 같은 천으로 닦아낼 수 있을까?

이처럼 모호한 표현들과 거기 연관된 도구들을 계속 모으다 보면 당신은 거기서 의미와 이해를 조절하는 어떤 범위가 있음을 깨닫게 될 것이다. 실제로 우리가 말하고 생각하는 방식에는 이미지나 유형적인 행동, 다른 사물이나 개념과의 비교, 비유 등이 가득 차 있다. 그것들을 확대하고 진전시켜 관찰해보면 거기 내포된 불합리성, 무일관성, 왜곡과 착각이 드러난다. 또는 의미나 개념의 한정성, 모호성도 확연히 보일 것이다.

이 체험이 주는 교훈은 간단하다. 즉, 말의 함정에 빠지지 않는 것은 철학적 예방책의 기본이라는 사실이다.

57. 가짜 자연법칙 만들기

물론 이 체험에서 말하는 것은 물리학이나 화학이 발견한 자연법칙이 아니다.

단지 세상에서 일어나는 사건과 그에 대한 우리의 행동 사이에 작용하는 것으로 보이는 어떤 가설적인 법칙—그런 점에서 반드시 '가짜'라고 말할 수는 없다—을 세워보자는 것이다.

예를 들어 저 유명한 '머피의 법칙' 같은 것을 말하는 것이다. 이 법칙은 1949년 미국의 공군 대위 머피가 "어떤 일을 할 때 여러 가지 방법이 있고 그중 한 가지 방법이 재앙을 초래할 수 있다면 누군가는 꼭 그 방법을 쓴다."고 말한 데서 유래했다. 즉, 일어날 가능성이 있는 재앙은 언젠가 필연적으로 일어난다는 법칙이다. 예를 들어 어떤 기구를 잘못 사용하면 큰 위험이 닥칠 수 있는데, 그런 위험은 어떤 사용자에 의해 언젠가 반드시 현실이 된다는 것이다.

이런 법칙에는 독특한 매력이 있다. 평범한 사건이나 상황에 대한 관찰을 과학적인 분위기를 풍기는 진술로 변화시키기 때문이다. 오늘 저녁, 당신은 몹시 피곤한데 평소에는 조용하던 이웃사람들이 시끄럽게 파티를 열고 있다. 사실 이런 상황은 아무 의미 없는 우연일 뿐이다. 하지만 당신은 이 우연을 과학 법칙 비슷한 것으로 둔갑시켜서 이렇게 말한다. "내가 피곤해서 죽을 것 같을 때마다 이웃 사람들은 꼭 이렇게 이기적으로 행동한다니까!"

그러나 이처럼 '우산을 잊어버리고 나가면 꼭 비가 온다'든가 '선글라스를 가지고 나가는 걸 잊어버리면 꼭 햇빛이 강렬하다'는 식의 법칙은 별로 오래가지 못하게 마련이다. 이런 법칙이 오래가려면 더 일반적이고 더 의미 있는 것이어야 한다. 그렇게 괜찮은 법칙을 발견하게 된다면, 그 법칙에 당신의 이름을 붙여도 좋을 것이다.

자, 여기 내가 만든 '드루아 법칙'이 있다. '모든 확신은 비합리적인 망상이 될 수 있다.' 이 법칙을 증명하려면 약간의 주의를 기울이는 것으로 충분하다. '2 더하기 2는 4다'라는 진술은 합리적 확신이라고 말할 수 있다. 하지만 여기에 '호랑이해에', '경찰관들의 집에서는', '마치 비발디처럼'이라는 엉뚱한 진술 세 줄을 덧붙이면 '호랑이해에 경찰관들의 집에서는 마치 비발디처럼 2 더하기 2는 4다'와 같은 해괴한 진술이 돼버리고 만다. 다시 말해 합리적인 확신에 별 의미 없는 요소가 개입하면 진술은 황당한 허튼소리가 돼버린다.

당신이 후세에 어떤 법칙을 남길 것인지는 당신이 결정해야 한다. 하지만 당신만의 법칙이 완성되면 가설을 역으로 점검해봐야 한다. 예를 들어 드루아의 법칙을 역으로 점검하려면 '모든 비합리적인 망상은 합리적인 확신이 될 수 있다'는 진술을 만들고 이것이 과연 합리성을 담보하는지를 살펴봐야 한다.

이런 작업에 착수하면 철학 체계에 드러난 종교, 미학 이론에 드러난 정치 이념 등 점검할 것들이 엄청나게 많다는 것을 알게 된다.

58. 엉뚱한 질문 찾기

이 또한 끝없이 계속할 수 있는 체험이다.

우리는 엉뚱한 질문을 끝없이 고안해낼 수 있다. 잉크와 종이, 정상적으로 작동하는 자판만 있다면, 아니, 아무것도 없어도 살아만 있다면 그것으로 충분하다. 왜냐면 엉뚱함은 영원의 얼굴이기 때문이다. 이 체험의 목표는 그것이 무엇으로 이뤄졌으며 어떤 결과를 낳는지를 파악하는 데 있다.

우리가 주고받는 질문의 대상은 대부분 자연이나 인간 세계에서 일어나는 현상에 관한 것이다. '물은 몇 도에서 끓기 시작하는가?', '앙굴렘에서 출발하는 기차는 몇 시에 브레스트에 도착하는가?', '디젤 기관을 발명한 사람은 누구인가?' 따위의 질문이 바로 그것이다.

그러나 엉뚱한 질문은 얼핏 보기에 서로 아무 관련 없는 요소들을 결합한다. 다시 말해 서로 교차할 일이 없는 서로 다른 계열체들이 만나는 엉뚱한 교차점을 만들어놓는 것이다. 예를 들어 '앙굴렘에서는 물이 몇 시에 끓기 시작하는가?', '브레스트에서 디젤 기관의 온도는 몇 도인가?', '누가 물을, 시간을, 기관을 발명했는가?' 따위의 질문이 바로 그것이다.

이런 질문들은 우리의 사고에 본 적도, 들은 적도, 그 존재를 의심해본 적도 없는 공간을 열어준다. 왜냐면 엉뚱함은 길을 막고 성찰을 중단시키는 '어리석음'과는 전혀 다른 것이다. 우리는 네모난 원을 머릿속에 그려볼 수도 없고, 모순된 진술의 논리를 계속 따라갈 수도 없으며, 불임 여성이 낳은 아이의 건강을 생각한다거나, 스스로 의미도 유효성도 부정하는 주장에 대해 사고할 수 없다. 이것이 바로 '어리석음'의 사례다. 하지만 엉뚱함은 시야를 열어주고, 관점을 다각화하고, 수많은 지평을 열어주고, 이것이 매력적인지 또는 완전히 허튼 수작인지를 생각해보기도 전에 미소부터 짓게 한다.

예를 들어 문자에는 왜 발(脚)이 있는지, 공기의 바닥은 어디인지를 찾아보자. 그리고 이어서 이런 종류의 수백수천 가지 질문을 던져보자. 이 시도는 너무도 많은 결과를 낳기에 누구도 어떤 결과가 진짜라고 딱 꼬집어 말할 수 없다.

59. 우주 생각하기

푹 빠져서 지치고 시달리다 보면 너무 빨리 지나간다.

업무든 근심이든 요구든 지나치면 그렇다. 고개를 숙이고, 앞만 보고, 아무것에도 눈길을 주지 않고, 아무것도 생각하지 않고 무작정 달려간다. 시험, 복습, 승진, 실업, 자녀, 저축… 쉴 틈이 없다.

해결책으로 태양홍염, 북극광, 은하계, 토성 고리와 은하수를 찾아보자. 허블 우주망원경으로 찍은 안드로메다은하, 켄타우루스 자리의 알파성 사진을 보며 아찔함을 느껴보자, 블랙홀, 우리의 오랜 이웃 달도 잊지 말고 찾아보자. 아주 잠깐만 고개를 들자. 5분만이라도 여기서 수십억 광년 떨어진 우주를 유랑해보자. 아침에 생겼던 근심도 저녁에 느꼈던 피로도 이제 같은 눈으로 보지 않게 된다.

밤이든 낮이든 때로 멀리 저 위로, 다른 곳으로, 먼 곳으로 눈길을 던져보자. 우리의 사정권 밖, 우리의 상상을 뛰어넘는 곳, 아직 우리 수준으로는 수수께끼로 남아 있는 거대한 우주가 존재한다는 사실

올 한 순간이라도 기억하자. 우리가 부딪힌 난관이 아무리 크다고 해도, 우리가 겪는 문제가 아무리 심각하다고 해도 이런 관점에서 보면 미세한 먼지에 불과하다.

그러나 현실적으로는 우주조차도 무거운 엉덩이, 두통, 은행 계좌의 적자를 해결해주지 못한다. 우주에도 한계가 있다.

60. 말의 육성 듣기

아침부터 밤까지 우리는 끊임없이 사람들의 말을 듣는다.

주위에서, 라디오나 TV에서, 거리에서, 일터에서, 집에서, 카페에서 사람들은 우리에게 말을 걸고, 묻고, 이야기하고, 고백하고, 명령한다. 우리는 그들의 말을 듣고, 그들이 묻는 말에 대답한다. 어쨌든 선의로 그렇게 하고 있다고 믿는다. 하지만 이것은 단지 겉모습일 뿐이다.

왜냐면 우리는 사람들의 말에서 단어와 문장, 의미와 메시지만을 파악할 뿐 목소리의 결, 호흡의 리듬, 발음의 음악성 등에 주목하지 않는다. 말에도 그런 것이 있다면 말의 몸이 내는 육성을 듣지 않는 것이다. 바로 이점을 집중적으로 체험해보자.

누군가가 당신에게 무언가를 말할 때 억양이나 어조의 변화, 호흡, 강세와 같은 '말하는 방식'에만 주목해보자. 그러다 보면 원래 서로 분리될 수 없는 말의 의미와 소리가 분리되고, 때로 어긋난 상태로 결합하는 아주 미묘한 현상을 목격하게 된다.

만약 친구들과 함께 이 체험을 하고 있다면, 다음 단계로 넘어가서 친구들 각자의 말에 귀를 기울여보자. 그럴 때 당신은 이상한 효과를 목격할 것이다. 자기 말을 듣고 있다는 사실을 의식한 친구들은 말하는 방식에 더욱 주의를 기울여서 듣는 일은 단순하지도 직접적이지도 않은 상태가 되고, 더 복잡해지고, 더 여러 층위를 고려하게 된다. 말하는 방식도 계속 영향을 받는다. 예를 들어 상대의 주장에는 동의하지만 말하는 방식에는 동의할 수 없다는 식으로 반응할 수도 있다.

이런 체험을 하고, 토의하다 보면 우리가 얼마나 잡다한 세부 사항에 이끌리고 관심을 보이는지, 각각의 뉘앙스에 얼마나 매력이나 거부감을 느끼게 되는지를 알게 된다. 여기서 우리는 자신이 남의 말을 듣는 동안, 그리고 남이 자기 말을 듣는 동안 관건이 되는 것은 단지 생각이나 의미, 이해만이 아니라는 사실을 조금씩 깨닫게 된다. 소리, 감각, 몸이 전달하는 의미 역시 언어의 중요한 일부분이다.

하지만 언어의 이런 측면은 마치 유보라도 된 듯이 공개적으로 드러나는 경우가 거의 없다. 만약 이것을 우리의 존재 방식에서 선명하게 드러낸다면, 이를 통해 우리가 사유하는 방식 자체가 변하는 현상을 목격하게 될 것이다.

61. 말장난하기

평소에 이것을 심각하게 생각하는 사람은 없다.

말장난은 실없는 우스개일 뿐이다. 게다가 모든 사람을 웃기지도 못한다. 하지만 조금 다르게 바라보면 말장난은 의식에 혼란을 일으키고, 미미하나마 불안을 조성한다는 점에서 성찰할 만한 가치가 충분히 있다. 그런 점에서 말장난은 단순한 장난이 아니다.

말의 의미를 비튼다는 것은 생각을 흔든다는 것이고, 사고 체계를 어긋나게 한다는 것을 의미한다. 의미를 생산하는 기제들이 서로 부딪쳐 삐걱거리면 불꽃이 튀게 마련이다.

말장난의 효과는 똑같은 음성적 연결체를 비일상적으로 분절함으로써 생기는 이중적 의미에 바탕을 두고 있다. 예를 들어 'félure(펠뤼르: 균열)'라는 단어를 비정상적으로 분절해 'fée lure(페-뤼르: 요정이 유

혹한다)'라는 표현을 만드는 식이다. [20]

사람들은 이런 말장난에서 느끼는 혼란이 일시적이어서 별로 문제될 것이 없다고 생각하지만 이것은 잘못된 생각이다. 왜냐면 이런 말장난은 우리가 의지하고 있는 기본적인 기준들을 잠식하기 때문이다. 그래서 '결정적인 것들(데시지프: décisifs)'은 '여섯 개의 촛대(데시 지프: des six ifs)'가 돼버리고, '시트로앵(Citroën)' 자동차는 '쥐똥나무 여섯 그루(시 트로엔: six troène)'가 돼버린다.

여러 개 말장난이 연달아 이어져서 하나의 체계를 이루면서 코믹한 효과를 내기도 한다. 예를 들어 18세기 말장난의 대가였던 조르주 드 비에브르 후작이 쓴 「타시옹 백작부인에게 보낸 편지(Lettre écrite à Madame la comtesse Tation)」(1770)를 보면 인물의 이름을 이용해 거의 예술에 가까운 말장난을 구사한다. 페르(신부) 튀르바퇴르(père Turbateur)는 '교란자(페르튀르바퇴르: perturbateur)'가 되고, 페르 페튀엘(père Petuel)은 '영원한(페르페튀엘: perpetuel)' 존재가 되며, 페르 베르(père Vers)는 '성도착자(페르베르: pervers)'로 둔갑한다. [21]

---

20) 단어를 특이하게 분절하거나 문장을 의도적으로 비정상적으로 띄어 써서 희화한 말장난으로 우리말의 '아주머니-아주 머니?', '인도네시아-인도 네 시야!'라든가 '아버지가 방에 들어가신다-아버지 가방에 들어가신다', '어머니가 서울 가서 방 얻었다-어머니가 서울 가 서방 얻었다'와 같은 말장난의 사례.

21) 우리 고문에서도 이런 말장난을 심심찮게 찾아볼 수 있다. 아래는 조선 초기 학자 문인 김시습(1435~1493)의 『한중기문閑中記聞』에 실린 시문이다.

당신도 이런 말장난을 얼마든지 고안해낼 수 있다. 하지만 이 체험의 목적은 당신이 이런 말장난에서 느낀 것을 스스로 관찰하는 데 있다. 부조리하다는 느낌이 들었나? 재미를 느꼈나? 말의 의미라는 것자체가 위협받는다는 인상을 받았나? 그중에서도 어떤 감정이 가장 강렬했나? 전혀 다른 감정이 들었나?

만약 불안을 느꼈다면 그것은 말의 의미라는 것이 불안정하다는 사실을 은연중에 깨달았기 때문이다. 하나의 단어가 우리가 믿었던 것과 전혀 다른 것을 의미할 수 있고, 하나의 단어에 여러 다른 의미가 공존할 수 있다면, 우리가 '의미'라고 부르는 것은 아주 연약한 얇은 막처럼 보이기 시작할 것이다. 말장난 때문에 이 얇은 막은 훼손되고, 심지어 완전히 사라질 것만 같다. 그래서 내가 앞서 말장난은

可憐門閥皆佳族 슬프다 문벌은 모두 훌륭한 집안으로
虛老風塵獨可悲 세월에 헛되이 늙으니 홀로 구슬프도다.
伍老峯下論理坐 오로봉 아래에서 이치 논하며 앉았자니
世人皆稱道也知 세상 사람 모두가 도를 안다 일컫네.

뜻을 풀어보면 오로봉 아래에서 이치를 논하며 앉아 있는 늙은이가 있는데, 훌륭한 문벌의 자손으로 이제는 영락해서 늙고 고단한 인생이다. 이 늙은이는 예전에 좋았던 시절 조상 자랑이나 그저 그런 도학 얘기나 하고 있지만, 세상 사람들은 그를 도인으로 여기며 떠받들고 있다는 것이다. 몰락한 양반의 안쓰러운 허세를 풍자한 것이다. 그런데 이 시를 독음으로 읽으면 본래의 뜻이 선명하게 드러난다.

可憐門閥개가족 슬프다 문벌은 모두 개가죽이요
虛老風塵독가비 세월에 헛되이 늙은 도깨비로다.
伍老峯下논리坐 오로봉 아래에 노루가 앉았는데
世人皆稱도야지 세상사람 모두들 도야지라 일컫네.

장난이 아니라고 말하지 않았던가. 말장난은 우리에게 의미의 허약
성을 새삼 의식하게 한다.

우리는 말의 의미, 세계와 존재의 의미를 확신하고, 안심하며 살아
간다. 그러나 우리는 몇 마디 칼랑부르[22], 애너그램[23], 샤라드[24], 리
버스[25], 콩트르페트리[26], 팰린드롬[27] 등 간단한 말장난으로 세상에는
아주 단순한 것도, 완전히 안전한 것도 없다는 사실을 깨닫고 당황한
다. 그리고 바로 이런 당황스러움에 철학은 뿌리를 내린다.

---

22) calembour: 동음이의어의 말 맞추기 놀이. 예를 들어 "au lion d'or(오-리옹-도르: 금사자
에서)"라는 표현을 똑같이 발음하는 다른 의미의 문장, "au lit, on dort(오-리-옹-도르: 침대에
서는 사람이 잔다)"로 바꾸는 식의 놀이다.

23) anagramme: 철자 바꾸기. 어구의 문자 순서를 바꿔 새 어구를 만드는 놀이. 예를 들어
Marie(마리: 사람 이름)의 철자 순서를 바꿔 'aimer(사랑하다)'라고 하거나 ancre(닻)의 철자
를 바꿔 'nacre(진주모)'라고 하는 등의 놀이를 말한다.

24) charade: 단어를 여러 음절로 나누어 맞추는 문자 수수께끼. 예를 들어 "Mon premier est
un métal précieux, mon second est un habitant des cieux, mon tout est un fruit délicieux(첫
번째는 귀금속, 두 번째는 하늘에 사는 존재, 전체는 맛있는 과일이다. 답은 무엇일까?)."하고
문제를 내면, 첫 번째는 금(or)이고, 두 번째는 천사(ange)이니 전체는 "오렌지(orange)다."라
고 추론해 대답하는 식의 놀이다.

25) rébus: 같은 발음의 단어·숫자·글자 따위를 이용한 문장 맞추기 놀이. 예를 들어 'got'
이라는 단어가 네 개 쓰여 있고, 그 옆에 'hero'라는 단어가 열 개 쓰여 있다면, '4(four) got +
10(ten) hero'라고 추론해 'forgotten heros(잊힌 영웅)'라는 답을 찾아내는 놀이다.

26) contrepèterie: 문장의 단어나 철자, 음절만을 바꿔 형식은 같으나 내용은 전혀 다른 새 문
장을 만드는 놀이. 일반적으로 음란하고 풍자적인 내용으로 코믹한 효과를 낸다. 예를 들어 "A
la vue des nippons, la Chine se souleva(일본인들을 보자, 중국은 일어섰다)."라는 문장에서
두 개의 명사를 바꿔 "A la vue des nichons, la pine se souleva(젖가슴을 보자, 성기가 일어섰
다)."라는 문장을 만들어내는 식의 놀이다.

27) palindromes(回文): 앞에서부터 읽으나 뒤에서부터 읽으나 동일한 단어나 구. 예를 들어
'madam'이나 'nurses run'과 같은 경우를 말한다.

62. 약호 만들기

오늘날 우리는 약호들이 무성한 정글 같은 사회에서 살고 있다.

단체, 기관, 센터, 기업, 정부 부서까지 호칭 체계에는 약칭이 흘러 넘친다. 문화관광부를 '문광부', 정치발전위원회를 '정발위'이라고 부르는 식이다. 심지어 사람들의 일상적인 대화에서도 '나이, 성별, 거주지'를 '나성거'라고 한다거나 '완전히 개인적으로'를 '완개'라고 하는 등 머리글자만을 딴 준말들이 난무하는 판이다. 이런 현상은 인터넷과 소셜 네트워크의 발달로 더욱 가속화하고 있다.

물론 여기에는 우리가 언어를 사용할 때 경제성을 추구한다는 원칙이 작용한다. 게으른 인간들은 어떻게든 발음기관을 덜 움직여 에너지를 덜 소비하려는 경향이 있다. 그러나 이런 언어의 경제성에 문제는 없을까?

이번 체험은 엉뚱하고 우스꽝스러운 약호들을 직접 만들어보는 것이다. 이것은 MOU(Mouvement Ondulatoire Unifié: 통일파상운동)[28] 라는 약호를 만들어 유명해진 피에를 닥에게 보내는 오마주이기도 하다. 당연한 일이겠지만, CON(Comité d'Organisation des Noms: 명칭 구성협회)이라든가 CUL(Centre d'Unificaton des Libellés: 문서통일센터) 따위 약호는 존재하지 않는다. 설령 그럴 의도가 전혀 없다고 하더라 도 협회나 센터의 명칭을 '바보(con)'나 '엉덩이(cul)'라는 뜻으로 오해 할 소지가 있음에도 그렇게 정할 사람은 없기 때문이다.

그러나 당신은 이런 엉뚱하고 불경스러운 약칭을 장난삼아 마 음대로 만들어볼 수 있다. 몇 가지 예를 들어보자. NUL[29](Nouvel Urbanism Libre)이라든가 TARES[30](Trnasports Allemands Russes Estoniens et Suédois: 독일·러시아·에스토니아·스웨덴 운송)협회라든가, DEBILE[31](Département d'Evaluation des Banques Internationales et des Lobbies Economiques: 국제 은행 및 경제 로비 단체 평가국)이라든가, FOU[32](Fonds d'Operations universelles: 국제활동기금)라든가…. 소재 는 무궁무진하다.

---

28) 여기서 약호 MOU는 '통일파상운동'의 준말이지만, 동시에 'mou'라는 형용사에는 '유연 한', '잘 휘는' 등의 의미가 있다.
29) nul: 프랑스어로 '바보'를 뜻한다.
30) tarés: 프랑스어로 '바보들'을 뜻한다.
31) débile: 프랑스어로 '바보'를 뜻한다.
32) fou: 프랑스어로 '미친놈'을 뜻하나, 이 또한 '바보'를 뜻하기도 한다.

얼핏 이런 장난이 쓸모없고 하찮게 보일지도 모른다. 하지만 잘 생각해보면 여기에는 성찰할 만한 구석이 있다. 어떤 내용을 코드화하거나, 어떤 메시지를 암호화하거나, 남들 모르게 특정한 대상과 소통할 때 두 개의 서로 다른 의미망을 중첩하는 것은 가장 기본적인 원칙이다. 즉, 무언가를 말하거나, 보여주거나, 드러내서 하나의 의미를 전달하지만, 그것을 다른 각도에서 해석하면 전혀 다른 의미를 포착할 수 있다는 것이다. 위에서 예를 들었듯이 각 단어의 머리글자만을 따서 만든 약호는 명시적인 코드에 따라 지시하는 대상이 있고 거기서 의미가(CON: 명칭구성협회) 드러나지만, 또 다른 코드에 따르면 그들 약호 자체가 내포한 의미가(CON: 바보) 드러난다. 우리는 이런 의미 중첩 원칙을 이용해서 다른 여러 가지 경우를 만들어낼 수 있다. 예를 들어 세 단어 중에서 하나만을 고른다거나, 각 단어의 두 번째 혹은 세 번째 철자만을 가지고 하나의 단어를 만들어서 이를 통해 두 가지 서로 다른 메시지를 전달할 수 있다.

하지만 이런 체험에 재미를 들여 너무 탐닉하는 것은 바람직하지 않다. 그러다 보면 계단 앞에 적어 놓은 '발을 조심하세요' 따위의 경고문에도 밝혀내야 할 비밀이 숨어 있다고 착각할 수 있기 때문이다. 이런 습관은 정신적 균형을 유지하는 데 장애가 될 수 있다.

63. 빛 맛보기

사람들은 '빛이 생경하다'고 말한다.

그럼, 완숙한 빛도 있다는 걸까? 살짝 익은 빛, 노르스름 구워진 빛은? 촉촉한, 말랑말랑한, 미지근한 빛은? 바삭바삭한, 푸석푸석한, 보송보송한 미끌미끌한 빛은? 이런 예가 성립할 수 있다면 빛을 맛이나 식감과 관련된 어휘로 표현할 수 있다는 뜻이 될 것이다.

말갛고 미지근한 국물 같은 빛, 허브티처럼 싱겁고 밍밍한 빛, 불을 한 입 물고 있는 것처럼 뜨겁고 혀가 빠질 듯 매운 양념 같은 빛, 달콤하고 감미롭고 달달한 빛, 부드러운 빛, 걸쭉한 빛, 느끼한 빛, 톡 쏘는 빛, 얇은 층으로 포개진 빛, 구운 빛, 삶은 빛, 익힌 빛, 녹은 빛, 눌어붙은 빛.

빛을 단수로 말하면 헷갈린다. '맛'을 단수로 말하면 마치 세상에 한 가지 맛밖에 없는 것처럼 들려서 거북한 것과 마찬가지다. 세상에는 여러 가지 맛이 있고, 모든 맛은 복합적일 수밖에 없다. 빛도 마찬가지다. 빛은 복수이고, 여기저기 흩어져 있으며, 무한히 많은 장소에서 엄청난 강도로 세상을 비추고 있다.

벌써 더위가 느껴지는 봄날 아침 들판을 비추는 따가운 햇살, 가을 날 정오의 날카로운 섬광, 겨울 산꼭대기를 감도는 얼음처럼 차가운 새 벽의 시린 빛, 안개 낀 도시에서 풍기는 아릿한 뒷맛—이처럼 빛을 묘 사할 때 사용하는 표현은 끝이 없다. 하지만 장소에 따라, 시각에 따라, 날짜에 따라 달라지는 빛의 무한한 다양성을 모두 정확하게 묘사할 수 는 없다. 우리가 할 수 있는 일은 입을 다물고 단지 보여주는 것뿐이다.

어쨌든 빛에 대한 판별 능력은 훈련을 통해 개선된다. 단 하나의 빛만이 존재한다는 어리석은 생각을 버리면 무한히 새로운 일시적 인 빛의 차이들을 포착하는 훈련을 할 수 있다. 그러려면 절대로 똑 같은 빛을 두 번 볼 수 없다는 진리를 인정해야 한다. 빛의 무한한 흐 름은 중단될 수 없다는 사실도 깨달아야 한다. 암흑이란 전설일 뿐이 며 빛의 소멸이란 있을 수 없다는 사실 또한 이해해야 한다.

우리가 밤이라고 부르는 것은 어둡고, 불투명하고, 짙고, 때로 완 전히 검은 빛으로만 구성된 자연 현상이다. 그 빛의 맛은 우리가 그 은밀한 힘을 알아채지 못했다면, 우리가 길들이자마자 우리를 얼마 나 포근하게 감싸고 안심하게 해주는지를 발견하지 못했다면, 여전 히 꿈꾸게 하고 방황하게 한다.

무엇보다도 여러 빛의 결합이나 독특한 연결이나 놀라운 부조화 따위를 체계적으로 연구하는 기술을 발전시켜서는 안 된다. 빛은 거래나 속물근성에 어울리지 않는다. 우리는 단지 —한 사람의 존재든 여러 사람의 존재든— 빛의 놀라운 분출 과정을 우연히 발견하고 따라가야 한다.

이런 체험을 꽤 오랫동안 했다면 다시 돌아와 몇 가지 방법적인 요소를 검토해야 할 것이다. 단지 빛을 어떻게 표현할 것이냐는 문제가 아니라 이와 관련된 기본적인 법칙이 중요하다는 사실을 파악하기 위해서다. 우선 언어와 언어의 지식을 신뢰해야 한다.

'생경한 빛'은 그 논리를 따라 가는 출발점으로 충분하다. 다른 한 편으로 맛, 빛, 밤이라는 단위는 절대 신뢰하지 말아야 한다. 왜냐면 그런 것들은 인위적인 구축물만큼이나 실속이 없거나 아예 존재하지 않기 때문이다. 예의상으로도 그것들에 기대지 않는 것이 기본이다.

이미 존재하는 것들에 주의를 기울이기만 하면 끈 한 가닥이나 단어 몇 개나 햇살 같은, 정말 아무것도 아닌 것으로 새로운 의미를 창출하는 일이 가능하다.

64. 새로운 체험 고안하기

자, 이제는 당신이 직접 체험을 고안할 차례다.

체험을 고안하는 과정도 하나의 체험이다. 혼자 해도 좋고, 친구들과 함께 해도 좋다. 새로운 체험을 고안하는 데 정해진 규칙이나 방법 따위는 없다.

하지만 이렇게 저렇게 시도하다 보면 요령이 생긴다. 어떤 시도를 하든 동기는 똑같다. 이 책의 서문에서 말했듯이 철학을 향해 떠나는 차에 찰칵! 하고 시동을 걸어주는 체험, 놀라움을 촉발하고, 지금까지 확신하고 있던 모든 것을 흔들어놓는 작은 혼란과 동요를 되도록 오랫동안 느끼게 하고, 알고 싶다는 충동이 들게 하는 체험을 찾는 것이다. 그러니까, 우리를 놀라게 하고, 우리가 왜 놀랐는지 그 이유를 알고 싶은 욕구를 느끼게 하고, 사방에서 그 답을 찾으려고 머리를 굴리게 하는 체험을 찾아내라는 것이다.

그럴 때 '과장'은 하나의 동기가 될 수 있다. 대수롭지 않은 소재,

사소한 사건을 골라 그것의 효과를 확대하고, 증폭하고, 강화하는 것이다. 예를 들어 아주 하찮은 일들도 하나의 시리즈가 될 정도로 계속 늘어놓으면 무시할 수만은 없는 상태가 돼 몹시 불편해진다. 일상적이고 친숙하고 단순한 행동도 반복적으로 계속하다 보면 그 위상이 달라진다. 어떤 사소한 특징도 점점 더 가까이 들여다보거나, 시야에 꽉 들어찰 정도로 늘여놓으면 아주 이상하게 보인다.

대상을 엇나가고, 빗나가고, 어긋나고, 중심에서 멀어지게 해보는 것도 동기가 될 수 있다. 세상은 절대로 완벽하게 매끄럽고 균일한 것이 아니다. 여기저기 금이 가고, 주름이 잡혔다. 하지만 세상의 그런 모습을 발견하려면 익숙한 습관에서 벗어나야 한다. 화살표 방향을 따라가지 말고 거꾸로 가고, 반들반들한 표면을 긁어내 그 밑을 들여다봐야 한다. 정해진 궤도에서 정해진 리듬과 속도로 달리기를 멈춘 순간, 일상의 모래알들은 기어 올라가야 할 절벽이 되고, 언덕이 돼 거기서 세상을 더 멀리, 전혀 다르게 바라볼 수 있다.

또 하나 동기는 정해진 축을 벗어나는 것이다. 늘 마주치던 일상적인 사물을 부수고, 조각내고, 찢어서 그것들을 다시 정해진 질서 없이 꿰어 맞춰서 엉뚱하고, 재미있고, 불안하게 작동시켜 보는 것이다. 그럴 때 당신은 의미와 우연이 놀라운 결합을 보여준다는 사실을 발견하게 될 것이다. 우연은 놀라운 만남을 허락한다.

시각을 달리해서 높은 곳에서 내려다보고, 굽어보고, '우주적인' 시선을 던져보는 것도 효과가 있다. 달에서, 화성에서, 천랑성에서 자신을 바라보라. 혹은 선사시대에서, 베다 시대 인도에서 자신을 바라보라. 금세 머릿속에서 뭔가가 달라지는 것을 느낄 것이다. 공간의 변화든 시간의 변화든 마찬가지다. 시간여행과 공간여행은 서로 교차한다. '지금 이곳'은 언제나 다른 곳, 어제와 공존한다. 그것을 보겠다고 마음먹으면 모든 것이 달라진다.

마지막으로 우발성을 따라가라. 우연이 당신을 어디로 데려가는지 그대로 따라가 보라. 예를 들어 비-합리, 무-의미, 부-적합은 합리와 의미와 적합보다 생각에 더 큰 충동을 불어넣는다. 일반적으로 사람들이 말하는 것과는 달리 세상과 생각도, 진지함과 엉뚱함은 서로 분리할 수 있는 것이 아니다. 왜냐면 그 '일반'이라는 것은 거짓을 말하기 때문이다. 우리 각자가 그 '일반'을 왕좌에서 끌어내려야 한다.

친구들과 함께 하는 64가지 철학 체험

1판 1쇄 발행일 2014년 5월 20일
1판 2쇄 발행일 2014년 11월 1일
지은이 | 로제 폴 드루아
옮긴이 | 이나무
펴낸이 | 임왕준
편집인 | 김문영
본문 디자인 | 박혜림
펴낸곳 | 이숲
등록 | 2008년 3월 28일 제301-2008-086호
주소 | 서울시 중구 장충동 1가 38-70(장충단로 8가길 2-1)
전화 | 2235-5580
팩스 | 6442-5581
홈페이지 | http://www.esoope.com
블로그 | http://blog.naver.com/esoope
Email | esoope@naver.com
ISBN | 978-89-94228-93-8 03100
ⓒ 이숲, 2014, printed in Korea.